¿QUÉ DIOS ES DIOS?

La mirada de un abogado sobre Dios y la religión

Adrian J. Adams, Esq

WESTBOW
PRESS®
A DIVISION OF THOMAS NELSON
& ZONDERVAN

Puede hacer pedidos de libros de WestBow Press en librerías o poniéndose en contacto con:

WestBow Press
A Division of Thomas Nelson & Zondervan
1663 Liberty Drive
Bloomington, IN 47403
www.westbowpress.com
1 (866) 928-1240

ISBN: 979-8-3850-4452-8 (tapa blanda)
ISBN: 979-8-3850-4451-1 (libro electrónico)

Número de Control de la Biblioteca del Congreso: 2025902694

Información sobre impresión disponible en la última página.

Fecha de revisión de WestBow Press: 02/13/2025

A las dos mujeres más importantes de mi vida, mi madre Joye y mi esposa Linda. A Joye, que tanto sacrificó para guiarnos a mis hermanos y a mí hasta convertirnos en los hombres en los que somos hoy. Y a Linda, porque muchas cosas de mi vida no habrían sido posibles sin ella.

Prefacio

Este libro surgió de las conversaciones que mantuve durante los almuerzos con un colega abogado que me preguntó sobre la existencia de Dios y qué religión, si es que había una, podía hablar con todo derecho en nombre de Dios. ¿Hay multitud de caminos al cielo o solo uno? ¿Existe una retribución kármica con ciclos interminables del alma o vivimos una vez y nos presentamos ante Dios? ¿Nuestra alma se apaga como una vela o hay un cielo y un infierno? Dado que las religiones del mundo hacen afirmaciones contradictorias sobre Dios, no todas pueden ser ciertas. Debemos preguntarnos: ¿cuáles, si es que hay alguna, son dignas de confianza?

El punto de partida de nuestras conversaciones fue si Dios existía. Sin Dios, las religiones del mundo podrían ser interesantes, pero no particularmente relevantes. Si Dios es real, ¿cómo decidimos cuál de las religiones del mundo puede decirnos de manera confiable quién es Dios, cómo interactuar con él, cómo debemos vivir y qué sucede cuando morimos?

Las religiones que pretenden hablar en nombre de Dios asumen la labor de identificar la fuente de su información. No basta con reivindicar conocimientos especiales. Las religiones deben validar sus afirmaciones con pruebas que sean relevantes y creíbles. Utilizando las reglas de la evidencia judicial, podemos poner a prueba las afirmaciones religiosas para determinar en cuáles se puede confiar. La religión que sobrevive al escrutinio legal puede afirmar legítimamente que conoce nuestro propósito en la Tierra y el camino hacia nuestro destino final.

Adrian J. Adams, Esq.
Los Ángeles, California

Nota editorial

La mayoría de los calendarios antiguos utilizan acontecimientos históricos importantes como punto de partida. Por ejemplo, los romanos databan los acontecimientos a partir de la fundación de Roma, aproximadamente en el año 750 a. C. Los chinos comenzaron su calendario coincidiendo con una conjunción planetaria que se produjo en el año 1953 a. C. Para los musulmanes, la elegida fue la fecha en que Mahoma huyó de La Meca en el año 622 d. C. El calendario judío utiliza el año 3761 a. C., que marca la fecha en que Dios creó el universo.[1] Los seguidores de Jesús, conocido como «el Cristo», utilizan su nacimiento como punto de partida de su calendario. Los acontecimientos que ocurrieron antes de su nacimiento se denominan «a. C.» (antes de Cristo), y los acontecimientos posteriores a su nacimiento son «d. C.» o «A. D.» (después de Cristo o *anno Domini*, el «año de nuestro Señor»).

Con el tiempo, el nacimiento de Cristo se convirtió en la referencia para los calendarios de todo el mundo. Recientemente, ha habido un movimiento para eliminar el significado histórico y religioso de a. C. y d. C. cambiando las designaciones a «a. e. c.» (antes de la era común) y «e. c.» (era común). El ateo Duncan Steel, autor de *Marking Time: The Epic Quest to Invent the Perfect Calendar*, favorece el sistema a. C. - d. C. porque es el sistema más utilizado y porque el rechazo basado en sus fundamentos religiosos significa que todos los demás aspectos de nuestro sistema de datación, como la hora del día, los días de la semana y los meses del año, tendrían que rechazarse también al estar vinculados a diversas creencias religiosas.[2] En consecuencia, en este libro se utilizan a. C. y d. C.

Índice

PARTE I
¿EXISTE DIOS?

Siempre me ha parecido curioso que, si bien la mayoría de los científicos afirman evitar la religión, en realidad esta domina sus pensamientos más que en el clero.

—Fred Hoyle, astrónomo[3]

Capítulo 1

EN EL PRINCIPIO

¿Por qué hay algo en lugar de nada?

—Gottfried Leibniz, matemático[4]

El abogado y teólogo John Warwick Montgomery observó que es inherente a la práctica del derecho el esfuerzo por resolver conflictos, lo que crea un interés natural por resolver conflictos en las afirmaciones religiosas.[5] Cuando se trata de Dios, hay muchas afirmaciones que investigar. Los ateos insisten en que no existe Dios, los hindúes creen en muchos dioses, los judíos siguen a un solo Dios y los partidarios del *New Age* o Nueva Era se imaginan a sí mismos como dioses. No todas estas afirmaciones pueden ser ciertas. Utilizando los principios de la evidencia legal, podemos determinar cuáles tienen fundamento. El primer conflicto que se debe resolver es si Dios existe.

Los ateos declaran que no hay pruebas de la existencia de Dios; por lo tanto, no existe. Sin embargo, los ateos cometen dos errores. El primero es que la ausencia de pruebas no es prueba de ausencia. El segundo error es que los ateos se basan únicamente en la evidencia directa. Como Dios no ha sido fotografiado, pesado ni medido, no existe. Si ese es el criterio de investigación, entonces la mente de un ateo no existe, ya que no puede fotografiarse, pesarse ni medirse. Afortunadamente, hay otra forma de evidencia que utilizan los tribunales para establecer la verdad. Se llama prueba circunstancial.

El autor Daniel Defoe lo utilizó en *Robinson Crusoe*, donde el personaje principal naufraga en una isla deshabitada. Tras años de aislamiento, ve una huella en la arena e inmediatamente sabe que hay alguien más en la isla.[6] Aunque no había visto a la persona (evidencia directa), dedujo correctamente su presencia a partir de la huella (evidencia indirecta).

Normalmente, la mayoría de las pruebas en los juicios modernos son circunstanciales. No es infrecuente que jueces y jurados lleguen a conclusiones basadas enteramente en pruebas circunstanciales.[7] Es una herramienta poderosa que puede usarse para establecer la existencia de Dios.

El enigma del Universo

A principios del siglo XX, los científicos coincidieron en que el universo no tenía principio ni fin: era infinito y eterno. En *Enigmas del universo*, publicado en 1900, el zoólogo alemán Ernst Haeckel declaró que la ciencia había puesto fin a los «mitos» de Dios y la creación. Según Haeckel, la física y la astronomía habían demostrado que Dios no existía.[8] Cinco años más tarde, un oscuro empleado de la oficina de patentes comenzó a desmontar sus afirmaciones.

En 1905 y nuevamente en 1917, Albert Einstein introdujo conceptos revolucionarios sobre el espacio y el tiempo. Las teorías de Einstein demostraron que nuestro universo no era ni infinito ni eterno. Al contrario, es joven, tuvo un comienzo repentino y se está expandiendo hacia afuera a gran velocidad. Las teorías de Einstein irritaron mucho a los ateos, dadas sus implicaciones teológicas.[9]

En 1919, el astrónomo inglés Arthur Eddington confirmó un elemento de las revolucionarias teorías de Einstein cuando fotografió la curvatura de la luz durante un eclipse solar.[10] Se suponía que esto no debía suceder, pero sucedió. Diez años después, el astrónomo estadounidense Edwin Hubble descubrió que las galaxias se estaban alejando de la Tierra. Cuanto más lejos estaban, más rápido viajaban: era el mismo efecto que el producido por una explosión.[11] Era otra confirmación de las ecuaciones matemáticas de Einstein.

Si el universo se expande hacia afuera a medida que avanza el tiempo, invertir la línea de tiempo reduciría el universo a un solo punto, que luego desaparecería en la nada. Un universo con un punto de partida implica la existencia de Dios, algo que el astrónomo inglés Sir Arthur Eddington encontraba repugnante.[12] Incluso Einstein pensó que había cometido un error y modificó sus ecuaciones para que se ajustaran a las creencias predominantes de un universo infinito y eterno.[13]

Aunque otros aceptaron la evidencia de un universo en expansión, Einstein la descartó. No fue hasta que se reunió con Hubble y examinó las placas fotográficas de las galaxias en retroceso cuando Einstein vio pruebas de que el universo se estaba expandiendo en todas las direcciones. En ese momento, dejó de oponerse y restableció sus ecuaciones originales.[14]

Einstein admitió más adelante que dudar de su propio trabajo fue el mayor error de su vida.[15]

Incluso con las pruebas de Hubble y el apoyo reticente de Einstein, la comunidad científica encontraba problemático aceptar la teoría de un universo joven con un comienzo abrupto. El astrónomo inglés Fred Hoyle se opuso firmemente a la teoría de Einstein porque apoyaba el concepto de creación.[16] En 1950, Hoyle describió burlonamente el modelo de Einstein como la teoría del «big bang», una expresión que se ha mantenido.[17]

Al igual que Hoyle, la Unión Soviética, que era abiertamente atea, se oponía a la aparición repentina del universo a partir de la nada a causa de sus implicaciones teístas. Los soviéticos condenaban cualquier idea que apoyara la existencia de Dios y etiquetaron la evidencia como un tumor canceroso porque olía demasiado a religión. El concepto era tan peligroso que los líderes del Partido Comunista prohibieron cualquier discusión sobre un universo en expansión en la astronomía soviética.[18] Rechazaron también otro desafío al ateísmo: la evidencia de que el universo se está desgastando.[19]

La muerte implica un nacimiento

Por definición, un universo eterno no tiene principio ni fin: siempre existió y existirá para siempre. Sin embargo, dondequiera que mirasen los astrónomos, encontraban pruebas de que el universo se estaba agotando. La rotación de la Tierra se está desacelerando gradualmente y la Luna se aleja progresivamente de nuestro planeta. El sol quema millones de toneladas de combustible por segundo, vertiendo en las frías profundidades del espacio un calor que no regresará jamás. Con el tiempo, todos los soles se quedarán sin combustible y morirán.[20] Innumerables estrellas masivas ya han colapsado formando agujeros negros.[21] Al igual que los juguetes que funcionan con baterías se quedan sin energía y se detienen, el universo se está quedando sin energía y experimentará lo que los científicos llaman *muerte térmica*.[22]

Este proceso irreversible se conoce como la segunda ley de la termodinámica o la ley de la entropía (desorden) creciente.[23] La entropía es una ley fundamental de la naturaleza que prevalece sobre todas las demás leyes.[24] El escritor científico Isaac Asimov la denominó universal e inquebrantable.[25] El profesor de física del MIT Alan Lightman señaló que un jarrón puede caerse de una mesa y romperse en pedazos, pero los fragmentos nunca se juntan y regresan a la mesa de un salto. El proceso es irreversible: va en una sola dirección.[26]

En 1931, el profesor de química física Richard Tolman advirtió que, si el universo fuera eterno, ya estaría muerto, ya que la pérdida de energía no puede continuar para siempre. Como el universo aún no está muerto, no puede ser eterno; por lo tanto, tuvo un comienzo. Fred Hoyle destacó las implicaciones teológicas en su libro *The Nature of the Universe*.[27] Afirmó que la única manera de evitar la cuestión de la creación es que el universo sea infinitamente viejo. Sin embargo, si esto fuera así, no quedaría hidrógeno, ya que este se convierte constantemente en helio. La conversión es un proceso unidireccional en el que no se crea nuevo hidrógeno. Hoyle observó que el universo se compone casi exclusivamente de hidrógeno, lo que significa que el universo es joven y que la cuestión de la creación no se puede evitar.[28]

Crisis de fe

En su libro *God and the Astronomers*, Robert Jastrow, astrofísico y fundador del Instituto Goddard de Estudios Espaciales de la NASA, escribió que los científicos no pueden soportar la idea de que el universo apareciera de repente porque deben preguntarse quién o qué lo causó: ¿de dónde surgieron la materia y la energía?[29]

La repentina aparición de la nada del universo creó una crisis de fe para los ateos. En lugar de aceptarlo, algunos se obsesionaron con desarrollar teorías para hacer que el universo fuera eterno. Según el físico teórico y cosmólogo Alan Guth, la idea de un universo eterno es atractiva porque libera a los científicos de preguntas sobre cómo se creó el universo o qué existía antes de que se formara.[30]

Teoría del estado estacionario. Uno de los primeros en desafiar la teoría del *Big Bang* de Einstein fue Fred Hoyle, que era abiertamente hostil a la religión. La idea de que el universo apareciera repentinamente de la nada le resultaba intolerable.[31] Para explicar un universo en expansión, Hoyle teorizó que se seguía formando nueva materia en un universo eternamente existente.[32] Esto explicaría un universo en expansión sin necesidad de un principio. A medida que el universo se expandía, el nuevo material rellenaba los huecos, manteniendo el universo estable. Esta teoría permitía a Hoyle excluir a Dios.[33]

El problema de su teoría era la fuente del flujo continuo de materia nueva. Según Hoyle, el material nuevo surgía de la nada; simplemente aparecía.[34] Para hacer progresar su propuesta, Hoyle se empeñó en asociar su teoría con el ateísmo y la de Einstein con la religión.[35]

La teoría del estado estacionario de Hoyle cayó en desgracia a medida que aumentaban las pruebas que apuntaban a un único momento creativo del universo. Sufrió un golpe mortal en 1965 con el descubrimiento de la radiación cósmica de fondo.[36] Dos radioastrónomos estaban trabajando en una antena para un sistema de comunicaciones por satélite cuando captaron un molesto silbido procedente del espacio. Al principio pensaron que podría tratarse de excrementos de pájaros en la antena. Limpiaron la antena, pero el silbido continuó. Provenía de todas las direcciones del espacio: era una radiación débil de la que no se conocía la fuente.[37]

A medida que la noticia de su descubrimiento se difundió entre la comunidad científica, sus colegas comprendieron que se trataba de radiación cósmica sobrante del abrasador acto de la creación. La radiación proporcionó la prueba decisiva de una explosión universal que Hoyle no pudo explicar.[38] El descubrimiento fue un revés para los ateos. Sin desanimarse, ofrecieron nuevas propuestas para eliminar a Dios.

Universo oscilante. Los ateos comenzaron a promover la teoría de un universo oscilante. Argumentaron que en el pasado se produjo un número infinito de *big bangs* y que continuarían sucediéndose durante toda la eternidad. Cada vez que el universo explotaba para comenzar a existir, las fuerzas gravitacionales hacían que colapsara, solo para explotar nuevamente y que naciera otro universo. El físico de Princeton, Robert Dicke, favoreció la idea porque evitaba el problema de explicar la creación original de la materia.[39] El premio nobel y físico de la rama de altas energías Steven Weinberg, que escribió sobre la física que rodea el origen repentino del universo, observó que algunos científicos se sentían atraídos hacia el modelo oscilante no porque tuviera algún mérito particular sino porque evitaba el relato bíblico de la creación.[40]

A pesar del atractivo filosófico que presenta la teoría oscilante para los ateos, no hay pruebas de que el universo colapsara previamente ni datos que respalden un futuro colapso. Es más, la teoría de Einstein no permite que un universo en colapso rebote en otro universo, del mismo modo que no podría rebotar una bola de bolos lanzada sobre una playa de arena.[41]

Por otra parte, cada vez hay más pruebas que respaldan la continua expansión del universo, no su colapso. No solo no hay suficiente gravedad para frenar su expansión, sino que las fuerzas antigravitacionales están provocando que se acelere.[42] La evidencia del telescopio espacial Hubble muestra que el universo se expandirá para siempre.[43]

Teoría Sin límites. Con el colapso de la teoría del universo oscilante, el físico teórico Stephen Hawking probó suerte en el intento de eliminar a Dios. Su propuesta borraba los límites del universo. En su libro *A Brief History of Time*, Hawking argumentó que, si el universo no tuviera fronteras, no tendría principio ni fin; simplemente sería.[44] Consciente de los problemas inherentes a su teoría, Hawking admitió que era una propuesta que no podía deducirse de otros principios y que era demasiado complicada para calcularla matemáticamente. Asimismo, para hacerla factible, Hawking recurrió al tiempo imaginario.[45] No se puede tomar en serio una propuesta que no se desprende de otros principios, que no se puede verificar matemáticamente, que no se puede poner a prueba y que se basa en el tiempo imaginario. Todo esto explica por qué la teoría de Hawking no tiene apoyo en la comunidad científica.

Universos Burbuja. La teoría del universo burbuja es otro intento de eliminar a Dios. Los partidarios especulan que un universo madre indetectable en una dimensión indetectable da origen a universos hijos indetectables durante toda la eternidad. Nuestro universo es uno de esos universos burbuja, el único que podemos ver.

Un escritor científico observó que los universos burbuja se basan en conjeturas y nociones confusas. Una de las ideas irracionales es la fuente de energía para crear universos hijos. Al igual que la desacreditada teoría del estado estacionario de Hoyle, sus defensores especulan que los nuevos universos emergen de la nada porque la nada nunca puede agotarse.[46] Un universo madre indetectable en una dimensión indetectable que produce universos hijos de la nada se puede calificar como ciencia ficción, no como ciencia.

La navaja de Occam

La navaja de Occam es un principio científico ampliamente aceptado según el cual la explicación más sencilla de un problema normalmente es la mejor.[47] Un ejemplo es la órbita de los planetas alrededor del sol. Hubo un tiempo en que la comunidad científica creía que la Tierra era el centro de nuestro sistema solar. Cualquiera podía ver el sol, la luna y las estrellas recorrer nuestro cielo. El problema radicaba en que sus movimientos eran erráticos. Hasta el siglo XVI, los científicos desarrollaron modelos cada vez más complejos para explicar los movimientos complicados e impredecibles de los planetas alrededor de la Tierra.

En 1543, el astrónomo polaco Nicolás Copérnico ofreció una solución sencilla. Propuso que los planetas giraban alrededor del Sol, no alrededor de la Tierra.[48] Su explicación hizo que los movimientos planetarios fueran predecibles. Con el tiempo, los científicos abandonaron sus complicados modelos de movimientos planetarios en favor de la solución sencilla ofrecida por Copérnico, que era la correcta. El hecho de que el universo exista exige una respuesta. Hay dos posibilidades para explicar cómo surgió de la nada un universo altamente ordenado. La primera implica el uso de ciencia desacreditada, especulación, tiempo imaginario, nociones confusas que no se pueden probar ni verificar y un número infinito de universos indetectables que se alimentan de la nada porque la nada nunca se puede agotar. La segunda respuesta es elegantemente simple: una inteligencia superior creó el universo. Como escribió Stephen Hawking: «Siempre y cuando el universo tuviera un principio, podríamos suponer que tuvo un creador».[49]

Capítulo 2

LA INFERENCIA DE DISEÑO

En lugar de caos, el universo opera con
precisión y orden.

En 1899, Ernst Haeckel declaró que la noción de un arquitecto que construyera el universo se había desvanecido para siempre, y la idea de diseño había desaparecido por completo de la ciencia.[50] Si estuviera vivo hoy, le afligiría saber que los científicos ven diseño por todas partes en la naturaleza.

Para aquellos que creen que el universo se creó a sí mismo, su comienzo explosivo debería haber producido un campo de escombros caótico y aleatorio, típico de una explosión. En cambio, allá donde miran los científicos, encuentran orden en lugar de desorden. Incluso el caos aparente en sistemas complejos tiene patrones subyacentes y autoorganización.[51] El astrofísico George Smoot, que descubrió arrugas en la estructura del espacio-tiempo, señaló la inesperada simetría del universo. Descubrió que el universo se está expandiendo a una velocidad uniforme en todas las direcciones, sin ningún indicio de asimetría. En lugar de eso, el *big bang* parece estar delicadamente orquestado.[52]

Incluso el ateo Fred Hoyle se sorprendió de la simetría y el orden precisos del universo. Reconoció que una explosión en un depósito de chatarra no provoca que los pedazos de metal se unan para formar máquinas que funcionan. Sin embargo, la explosión que creó el universo dio lugar a un cosmos bien ordenado que originó la vida. Incluso produjo seres pensantes capaces de reflexionar sobre todo ello. Hoyle no pudo explicar cómo sucedió.[53]

En lugar de caos, encontramos orden, desde las galaxias gigantes hasta en las partículas atómicas más pequeñas. Roger Penrose, premio nobel de Física, escribió que esto no es natural. Algo o alguien impuso orden en el universo. Lo encontró desconcertante y se preguntó de dónde provenía.[54] El profesor de física matemática Paul Davies observó que el estado altamente ordenado del universo no se deriva de una necesidad lógica. Más bien es una propiedad sintética que exige una explicación.[55]

Además del orden, las leyes físicas son un profundo misterio, y Davies se preguntó de dónde procedían.[56] Einstein creía que las leyes de la naturaleza revelaban una inteligencia de tal superioridad que, comparada con ella, el pensamiento humano era absolutamente insignificante.[57] A Stephen Hawking le resultó difícil comprenderlo, excepto como un acto de Dios elegido para seres como nosotros.[58]

El astrónomo agnóstico George Greenstein, autor de *The Symbiotic Universe*, que prefería dejar a Dios al margen, admitió que la evidencia apuntaba a la participación de un ser supremo. Observó que la armonía en el universo puede ser una prueba científica de la existencia de Dios.[59] Otros científicos han hecho observaciones similares.[60]

El bioquímico Michael Behe examinó la complejidad irreducible de la biología molecular y llegó a la conclusión de que no podía ser fruto de la casualidad.[61] Dado que la naturaleza está repleta de partes que encajan entre sí, y que cada una de ellas es esencial para el funcionamiento del conjunto, Behe llegó a la conclusión de que un diseño tan elegante requería un Diseñador.

El fracaso del azar

En un esfuerzo por excluir a Dios del universo, los ateos argumentan que, con suficiente tiempo, el azar puede lograr cualquier cosa.[62] Esta creencia es esencial para su visión atea del mundo. Sin ella, no tienen otra alternativa que reconocer la existencia de Dios. Sin embargo, atribuirlo todo al azar no es creíble.

Para gran decepción de la comunidad atea, muchos científicos ya han llegado a la conclusión de que el azar no puede explicar el diseño que encontramos en la naturaleza. En su libro *Algeny*, el ateo y teórico social Jeremy Rifkin reconoció que las probabilidades de que la vida se produjera por casualidad eran prácticamente nulas.[63] Albert Szent-Györgyi, premio nobel de Bioquímica, también rechazó la formación accidental de los seres vivos. Esto no podría suceder con más frecuencia de lo que la combinación aleatoria de ladrillos podría construir un castillo.[64]

El matemático William Dembski llegó a la misma conclusión. Estableció criterios para determinar si algo es producto del azar o de la inteligencia.

En astronomía, dichos criterios son necesarios para distinguir las señales inteligentes del ruido de fondo aleatorio. Dembski aplicó estas medidas a la probabilidad de que la vida surgiera por azar y concluyó que era cero.[65] La molécula de ADN es como un programa de *software*. Contiene instrucciones muy complejas para construir y mantener una estructura viva. La información es tan precisa y detallada que no podría haberse escrito sola. Creer que el ADN es producto del azar es lo mismo que creer que, por sí solos, el lápiz y el papel pueden escribir libros.

Francis Crick, galardonado con el Premio Nobel por su codescubrimiento de la estructura molecular del ADN, quedó tan impresionado por la improbabilidad estadística de que el ADN surgiera por azar que le pareció un milagro. Sin embargo, la aversión de Crick hacia Dios era tanta que especuló que el ADN llegó a la Tierra en un cohete procedente de otro planeta.[66] Con los extraterrestres, Crick creía que eliminaba a Dios.

Fred Hoyle también se sintió atraído por la solución extraterrestre porque consideraba que la probabilidad de que la vida se originara al azar era tan pequeña que resultaba absurda. En lugar de un cohete, Hoyle teorizó que la información genética viajó por el espacio y cayó a la Tierra.[67] El problema de la solución extraterrestre es que simplemente empuja la imposibilidad estadística a otro planeta. ¿De dónde vino el ADN alienígena? Así como la aleatoriedad no puede producir ADN en la Tierra, tampoco puede producirlo en ningún otro lugar del universo.

El Dr. Francis Collins, uno de los genetistas más importantes del mundo y antiguo director del Proyecto Genoma Humano, dirigió el equipo de científicos que cartografió el ADN de la especie humana. El Dr. Collins se quedó asombrado por la elegancia del ADN humano. Contiene un código de más de tres mil millones de letras. En el pasado había sido ateo y consideraba que las creencias espirituales eran producto del sentimentalismo y la superstición. Su investigación lo llevó a concluir que la fe en Dios era más racional que la incredulidad. Poco más tarde, el presidente Clinton se hizo eco del sentimiento del Dr. Collins en un discurso televisado en todo el mundo, en el cual anunció: «Hoy estamos aprendiendo el lenguaje en el que Dios creó la vida. Estamos cada vez más asombrados por la complejidad, la belleza y la maravilla del don más divino y secreto de Dios».[68]

Las pruebas de la existencia de diseño en el ADN son tan convincentes que uno de los principales ateos del siglo XX, Antony Flew, legendario filósofo británico que defendió el ateísmo durante décadas, se convirtió a la creencia en Dios. Afirmó que la increíble complejidad del ADN le había convencido de que alguna inteligencia debía haber intervenido en su formación.[69]

Precisión y propósito

No solo el ADN está elegantemente diseñado, sino que las condiciones necesarias para su existencia también parecen estar diseñadas. El físico Robert Dicke fue uno de los primeros en llamar la atención sobre los misteriosos valores y relaciones de la física necesarios para la vida.[70] Un número creciente de científicos está descubriendo abundantes pruebas de que nuestro planeta está exquisitamente sintonizado para sustentar la vida.

Michael Denton, investigador titular de genética molecular humana, desacredita la idea de que el azar haya podido crear las condiciones precisas que son necesarias para la vida en la Tierra. Simplemente unas pequeñas variaciones en cualquiera de los sistemas delicadamente equilibrados serían catastróficas. El Dr. Denton cita a numerosos científicos que señalan que no existiríamos sin esta precisión. Afirmó que no se podía evitar la conclusión de que el mundo está diseñado específicamente para albergar vida.[71]

Otro científico impresionado por el diseño de la naturaleza fue Freeman Dyson, físico de Princeton. Cuanto más examinaba el universo y su arquitectura, más pruebas encontraba de que estaba preparado para nuestra existencia.[72] El astrofísico George Smoot escribió que la naturaleza no es el resultado de acontecimientos aleatorios y sin sentido, sino todo lo contrario.[73]

La ley de la probabilidad establece que la ocurrencia de cualquier evento cuya probabilidad esté más allá de uno entre 10^{50} significa que el evento nunca sucederá, sin importar cuánto tiempo transcurra.[74] Roger Penrose, profesor de matemáticas de la Universidad de Oxford y ganador del prestigioso premio Wolf Prize por su análisis del *big bang*, descubrió que las leyes de la naturaleza están tan finamente sintonizadas para la vida que debe haberlas elegido un Creador. Calculó que las probabilidades eran 10^{10}

elevadas a la 123ª potencia.[75] El número está más allá de toda comprensión. En comparación, hay únicamente 10^{82} átomos en todo el universo.[76] Esto significa que el azar no tuvo ninguna posibilidad de estructurar nuestro universo para albergar vida.

Paul Davies dedicó un libro al delicado ajuste de la naturaleza y concluyó que las extraordinarias coincidencias físicas ofrecían pruebas convincentes de que algo estaba sucediendo.[77] Diez años más tarde, retomó el tema y escribió que su trabajo científico lo había llevado a creer firmemente que el universo se formó con un ingenio tan asombroso que requería un nivel más profundo de explicación.[78]

Convicción de diseño

En lugar de existir en el caos, el universo opera con elegante precisión y orden. Estas cualidades no son las consecuencias naturales de una explosión; indican que hay diseño inteligente. Las señales de la existencia de Dios siempre han sido evidentes. Thomas Jefferson, autor de la Declaración de Independencia de Estados Unidos, escribió a su amigo John Adams que nunca podría ser ateo porque, cuando contemplaba el universo, le era imposible no ver el diseño en cada átomo de su composición.[79] Tras creer toda su vida en el ateísmo, Antony Flew se convirtió a la creencia en Dios cuando concluyó que una superinteligencia era la única explicación plausible para el origen de la vida y la complejidad de la naturaleza.[80]

Cuando el astronauta John Glenn, de 72 años, regresó al espacio a bordo del transbordador espacial, le preguntaron si rezaba en el espacio. Glenn respondió que rezaba todos los días y pensaba que todos deberían hacerlo, porque mirar la creación y no creer en Dios era, para él, imposible.[81] En su libro *God and the Astronomers*, el astrofísico Robert Jastrow escribió:

> Para el científico que ha vivido por su fe en el poder de la razón, la historia termina como un mal sueño. Ha escalado las montañas de la ignorancia; está a punto de conquistar el pico más alto; al subirse a la última roca, es recibido por una banda de teólogos que han estado sentados allí durante siglos.[82]

Capítulo 3
ATEOS Y AGNÓSTICOS

Ciertamente, un joven ateo no puede guardar su fe con
suficiente cuidado. Los peligros acechan en cada esquina.

—C. S. Lewis[83]

Los ateos creen que Dios no existe, mientras que los agnósticos no
tienen opinión. Los agnósticos se dividen en dos grupos: casuales y
comprometidos. Los agnósticos casuales no ofrecen ninguna visión porque
piensan poco en la existencia de Dios. Los agnósticos comprometidos se
plantean la cuestión y declaran imposible confirmar o negar la existencia
de Dios.[84]

Aunque los agnósticos juzgan que el asunto no está resuelto, conducen
sus vidas como si Dios no existiera. Como admitió un portavoz en su libro
The Militant Agnostic, en la práctica era ateo porque vivía su vida como si
no existiera Dios.[85] El ateo George H. Smith, autor de *Atheism: The Case
Against God*, llegó a una conclusión similar: cualquiera que no creyera en
Dios, por cualquier razón, podía calificarse de ateo.[86]

A pesar de su confianza, los ateos nunca pueden estar seguros de que
Dios no existe, ya que la certeza requeriría un conocimiento completo del
universo y de todo lo que está fuera de sus límites. Un ateo tendría que
ser Dios para estar seguro de que Dios no existe. A la luz de la creciente
evidencia científica de la existencia de Dios, un compromiso con el ateísmo
requiere una ignorancia deliberada.

Fe ciega

La naturaleza irracional del ateísmo es más evidente en su explicación
de los cinco acontecimientos sobrenaturales que rodearon la creación del
universo.

1. *Nada surge de la nada.* ¿Cómo puede surgir algo de la nada? No puede.
La primera ley de la termodinámica dicta que la materia y la energía no
pueden crearse ni destruirse.[87] La primera ley es uno de los principios
más inmutables de la física.[88] En el siglo I, Lucrecio formuló una versión

temprana de la ley al afirmar que «nada proviene de la nada».[89] Sin embargo, el espacio, el tiempo, la materia y las leyes de la naturaleza aparecieron repentinamente de la nada. El escritor científico y ateo Isaac Asimov reconoció que el nacimiento del universo no fue natural.[90] Cuando el universo se materializó de la nada, hizo añicos la primera ley de la termodinámica. La aparición repentina del universo es un evento sobrenatural que requiere una causa sobrenatural.

2.*Causa y Efecto*. ¿Cómo puede el universo crearse a sí mismo? No puede. La ley de la causalidad requiere que todo evento tenga una causa, y esta debe ser independiente del evento.[91] En otras palabras, una campana no puede sonar por sí sola. Algo diferente a la campana debe hacerla sonar. De la misma manera, el universo no puede crearse a sí mismo. Una causa independiente del universo debe ponerlo en movimiento. A esa causa la llamamos Dios. Dado que los ateos rechazan a Dios, lo sustituyen con el azar irreflexivo como fuerza creativa.

A pesar de su fe en el azar, este no puede reemplazar a Dios. El azar no causa nada. El azar es un principio matemático pasivo que solo ocurre una vez que los eventos están en movimiento. Por ejemplo, se puede ganar la lotería por azar, pero el azar no creó la lotería ni la puso en marcha. Los seres inteligentes diseñan las loterías y las operan. Fijan fechas para los sorteos y venden boletos. Tú compras un boleto y esperas el sorteo.

Una máquina diseñada y construida por seres vivos, no por el azar, produce una serie de números aleatorios. Solo entonces entra en juego el azar. Por azar, los números del boleto coinciden con los números producidos por la máquina. En ningún momento el «azar» hizo que sucediera algo. Fueron necesarios seres inteligentes para crear la lotería, comprar boletos y generar números. De manera similar, un ser inteligente creó el universo y lo puso en movimiento.

3. *Orden bien definido*. ¿Cómo puede el orden, por sí solo, provenir del desorden? No puede. Stephen Hawking describió el universo como un orden bien definido.[92] Sin embargo, según la segunda ley de la termodinámica, todo avanza hacia el desorden, y no al revés. Encontramos una excepción en los organismos vivos porque siguen instrucciones genéticas preprogramadas para alcanzar niveles más altos de orden. A pesar de su programación, al

final todos los organismos sucumben a la segunda ley al envejecer y morir. Incluso las instrucciones genéticas del ADN están sujetas a un desorden cada vez mayor debido a mutaciones que alteran y degradan la información altamente organizada. La existencia de orden en el universo es un evento sobrenatural.

5. *Origen de la Vida.* ¿Cómo puede un universo de materia sin vida producir vida? No puede. En una serie de experimentos realizados entre 1860 y 1862, Louis Pasteur estableció la «ley de la biogénesis» al demostrar que la vida no puede aparecer espontáneamente a partir de materia muerta, sino que solo puede provenir de vida preexistente.[93] En 1880, el ateo Ernst Haeckel, autor de *The History of Creation*, afirmó con confianza que Dios era innecesario para el desarrollo de la Tierra. Sin embargo, Haeckel se vio obstaculizado por el descubrimiento de Pasteur de que la vida solo puede surgir de la vida. Escribió que, si no aceptamos la generación espontánea de vida, debemos confiar en lo sobrenatural, algo a lo que se oponía firmemente.[94] Más de cien años después del descubrimiento de Pasteur, el premio nobel y bioquímico George Wald escribió un artículo sobre el origen de la vida y lamentó la imposibilidad de la generación espontánea de vida.[95] Si bien admitió que la vida debe provenir de la vida, se negó a aceptar que un Dios vivo nos dio la vida.

5. *Diseñado para la vida.* Una vez que apareció la vida, ¿cómo sobrevivió? No debería haberlo hecho. Cada vez resulta más claro para la comunidad científica que el universo está diseñado para sustentar la vida. Es más, la vida que sustenta muestra precisión y diseño. Tal exactitud excluye cualquier posibilidad de azar. Cuando tuvo que enfrentarse a una ingeniería biológica tan compleja, el ateo Richard Dawkins admitió que los humanos son piezas de maquinaria complicadas y perfectamente diseñadas.[96] ¿De dónde provenía el diseño? Dawkins no se atrevió a admitir que el diseño requiere un diseñador.

Creencia emocional y libertad sexual

Los ateos son como el hombre que estaba siendo juzgado por asesinato. Le dijo al jurado que había propuesto matrimonio a la fallecida. Cuando ella se negó, sintió tendencias suicidas, sacó un arma y amenazó con suicidarse. Cuando la mujer intentó quitársela, el arma se disparó accidentalmente y la mató. La fiscalía señaló que la víctima tenía cinco balas en el cuerpo, pero el acusado afirmó que el arma se había disparado accidentalmente cinco veces. El jurado rechazó su explicación y lo condenó por asesinato. La afirmación de los ateos de que el universo es una serie de accidentes desafía toda creencia y asimismo debe rechazarse.

Dado que creer en Dios es más racional que la incredulidad, ¿por qué los ateos están dispuestos a abandonar la razón y rechazar la existencia de Dios? Algunos han sido sinceros sobre su motivación. Isaac Asimov, uno de los escritores científicos más prolíficos del siglo XX, admitió que su ateísmo era emocional. Sentía que no podía declararse ateo porque eso suponía un conocimiento que él no poseía. Así que pasó por alto la razón y acudió a la emoción. Asimov decidió, emocionalmente, que era ateo. Aunque no tenía pruebas que demostraran que Dios no existía, no quería perder el tiempo buscándolas.[97]

Aldous Huxley, autor de *Brave New World*, fue igualmente sincero acerca de su ateísmo. Admitió que tenía motivos para no desear que el mundo tuviera sentido. Lo liberaba de un sistema moral que interfería con su libertad sexual.[98] Las necesidades sexuales de Huxley prevalecieron sobre su análisis racional de la evidencia.

A pesar de reconocer la imposibilidad de que la vida se produjera por azar, el ateo Jeremy Rifkin se opuso a justificar su comportamiento ante Dios.

> Ya no nos sentimos huéspedes en casa ajena y, por tanto, obligados a hacer que nuestro comportamiento se ajuste a una serie de normas cósmicas preexistentes. Ahora es nuestra creación. Nosotros ponemos las reglas. Nosotros establecemos los parámetros de la realidad. Creamos el mundo y, al hacerlo, ya no nos sentimos en deuda con fuerzas externas. Ya no tenemos que justificar nuestro comportamiento, porque ahora somos los arquitectos del universo. No somos responsables de nada externo a nosotros, porque somos el reino, el poder y la gloria por los siglos de los siglos. [99]

La razón por la que niegan la existencia de Dios es que no quieren que exista. En lugar de seguir las pruebas, los ateos las rechazan de plano.

Suicidio intelectual

Los ateos son como la reina en *Alicia a través del espejo* de Lewis Carroll.

La reina se rio cuando Alicia dijo que no podía creer en cosas imposibles. La Reina dijo: «Me atrevo a decir que no has tenido mucha práctica. Cuando yo tenía tu edad, siempre lo hacía media hora al día. Vaya, a veces he creído hasta seis cosas imposibles antes del desayuno».[100]

Dado que los ateos rechazan a Dios, se han vuelto expertos en creer cosas imposibles. Creen que el universo (i) se creó a sí mismo, (ii) de la nada, (iii) se puso en un estado altamente ordenado, (iv) se impuso a sí mismo leyes, (v) se diseñó para sustentar la vida, y (vi) produjo vida espontáneamente a partir de materia sin vida.

La irracionalidad de sus creencias es similar a la de un paciente que estaba seguro de que estaba muerto. El médico le recordó que solo las personas vivas sangran, y después le pinchó el dedo. El paciente contempló atónito la sangre y exclamó: «¡Asombroso! Los muertos *sangran*». Así como los hechos no tienen ningún efecto sobre los enfermos mentales, tampoco tienen ningún efecto sobre los ateos. Rechazan a Dios a pesar de todas las pruebas que apuntan a su existencia.

El anteriormente ateo C. S. Lewis fue profesor de literatura inglesa en Oxford y después en la Universidad de Cambridge. Lewis, intelectual y ateo declarado, experimentó un cambio gradual mientras enseñaba en Oxford. En su libro *Surprised by Joy*, Lewis relató cómo la razón lo obligó a abandonar el ateísmo y evolucionar a una creencia general en Dios, seguida de la fe en un Dios específico que podía escuchar y responder a las oraciones. Al principio, Lewis encontró esta transformación difícil y alarmante. Se consideraba el converso más abatido y reacio de Inglaterra.[101] Con el tiempo, su infelicidad se convirtió en alegría, de ahí el título de su libro *Surprised by Joy*. Lewis se convirtió en el portavoz más elocuente del siglo XX a favor de una creencia racional en Dios.

Hablando desde su propia experiencia, Lewis escribió: «Ciertamente, un joven ateo no puede guardar su fe con suficiente cuidado. Los peligros lo acechan en cada esquina».[102] Esos peligros incluyen la evidencia científica, la razón y la lógica. El universo surgió con una explosión de la nada; en lugar de caos, hay orden y diseño exquisito; en lugar de materia inerte, la

Tierra rebosa vida. Cada uno de ellos es un acontecimiento sobrenatural. Ignorar a Dios ante tal evidencia no es tarea fácil: requiere un acto de suicidio intelectual. La dificultad de ignorar lo obvio puede explicar por qué solo el 9% de la población mundial afirma ser atea.[103]

Einstein creía que la búsqueda de la ciencia conduce inevitablemente a la religión.[104] Si bien la evidencia científica apunta a la existencia de Dios, la ciencia no puede decirnos quién es Dios, cómo interactuar con él, cómo debemos vivir o qué sucede cuando morimos. Para esas respuestas, debemos recurrir a la religión.

PARTE II
DIFERENTES DESTINOS

Alá ordena…
El gran Tao fluye…
El espíritu de Krisnha ha hablado…
Así dijo el SEÑOR…

Capítulo 4
AFIRMACIONES CONTRADICTORIAS

«...pero ¿a dónde vamos?»

Cuando los niños adoptados se enteran de su adopción, a menudo buscan a sus padres biológicos. El deseo que hay en todos nosotros de saber de dónde venimos nos lleva a preguntas sobre la identidad de Dios, el padre biológico supremo. La búsqueda de respuestas ha dado lugar a numerosas religiones que afirman saber quién nos creó y por qué. Lamentablemente, discrepan sobre la identidad de Dios, cómo relacionarnos con él y qué sucede cuando morimos. A continuación, se resumen las enseñanzas de las religiones del mundo sobre lo que ocurre cuando morimos.

Hinduismo

El hinduismo enseña que cada alma pasa por un ciclo sin fin de nacimiento, muerte y renacimiento. El renacimiento, llamado reencarnación, se rige por la ley del karma, que exige el castigo de las malas acciones independientemente del número de vidas necesarias.[105] Esto significa que el castigo kármico, la muerte y el renacimiento pueden repetirse cíclicamente durante toda la eternidad.

Para los hindúes, el problema no es la muerte; es el renacimiento perpetuo. Cuando el alma viaja a un nuevo cuerpo, lleva consigo las malas acciones de su vida anterior. El karma determina el tipo de cuerpo que recibe cada alma. Dependiendo del castigo, el nuevo cuerpo podría ser un gusano, un insecto, un pez, un pájaro, un hombre o cualquier otra criatura.[106] Una mujer infiel a su marido podría renacer como un chacal, y un hombre que robó en una vida anterior podría nacer sin un miembro.[107]

La ley del karma determina además la casta. Las escrituras hindúes dividen a las personas en grupos a cuyos miembros no se les permite casarse entre sí, ni siquiera comer juntos.[108] Cada casta tiene deberes específicos, y solo cumpliendo esos deberes se puede lograr la perfección espiritual.[109]

La casta más alta está formada por filósofos, eruditos y líderes religiosos. El siguiente nivel consiste en políticos, generales, oficiales y autoridades civiles. Los comerciantes y agricultores forman la siguiente casta. Abajo del todo están aquellos que sirven a las castas superiores.[110] Los llamados *intocables* quedan fuera del sistema de castas y viven lejos de las aldeas para no contaminar a los de cuna más noble.[111]

La salvación para los hindúes es el cese de la reencarnación, para que sus almas puedan fusionarse en la fuerza impersonal llamada *Brahman*, momento en el cual su conciencia se desvanece.[112] Los hindúes pueden alcanzar la salvación de tres maneras: mediante buenas obras, conocimiento o devoción.

El *sendero de la acción* requiere que los devotos sigan los rituales y costumbres del *Código de Manu*. La mayoría de los hindúes siguen este camino hacia la salvación. Para las mujeres, esto significa servir a los hombres, ocuparse de las tareas domésticas y nunca desagradar a sus esposos. Una mujer debe estar sometida a su padre en la infancia, a su esposo en el matrimonio y a sus hijos varones cuando su esposo muere, nunca puede ser independiente.[113]

La salvación a través del *sendero del conocimiento* proviene de la comprensión de que el error mental, y no la transgresión moral, es la raíz de la miseria y el mal humanos.[114] El *sendero del conocimiento* enseña que el mundo físico es una ilusión y que nuestra preocupación por él nos ata a ciclos interminables de nacimiento, muerte y renacimiento.[115] Una vez superada nuestra ignorancia, normalmente a través de la meditación yoga, nos liberamos de la ilusión kármica, perdemos nuestra identidad separada y nos fundimos con Brahman.[116]

La salvación a través del *sendero de la devoción* implica una devoción completa a una deidad de nuestra elección. El hinduismo tiene treinta y tres deidades principales y cientos de dioses menores.[117] Los fieles deben entregarse a su dios particular, centrar su vida privada y sus pensamientos en ese dios y realizar actos de devoción en el templo.[118]

Budismo

El padre del budismo, Siddhartha Gautama, encontró las creencias del hinduismo inaceptables y sus afirmaciones infundadas.[119] Es más, rechazó la existencia de un alma inmortal.[120] De su educación hindú, Gautama conservó dos creencias: el karma y la reencarnación. Creía que el karma, la fuerza impulsora del universo, funcionaba automáticamente para crear una realidad adaptada a cada persona con el fin de recompensarla o castigarla según sus actos.[121] Gautama creía que las almas dejan de existir al morir, pero su energía kármica permanece y atraviesa interminables ciclos de sufrimiento asociados con el nacimiento, la muerte, el renacimiento y la retribución kármica.[122] Gautama coincidía con las enseñanzas hindúes en que la salvación ocurre cuando la energía kármica deja de circular, pero se diferenciaba en cómo alcanzar la salvación.[123]

Gautama rechazó la existencia de los dioses y decidió que cada persona debe ser su propio salvador.[124] En consecuencia, descartó la noción de devoción religiosa como camino hacia la salvación.[125] Ni la oración ni el sacrificio brindaban redención, solo conocimiento.[126] Enseñó que el bien y el mal son subjetivos. La verdadera fuerza impulsora del renacimiento kármico era el deseo. Gautama ideó un camino óctuple para deshacerse del deseo y detener el ciclo de renacimiento.[127] A medida que cada persona alcanza la iluminación, su universo se desvanece y su energía kármica se apaga como una vela.

Taoísmo

En su forma más temprana, el taoísmo (pronunciado «dowismo») no era una religión.[128] Era más bien una filosofía sobre cómo vivir. Según la leyenda, fue fundado por un contemporáneo de Confucio llamado Lao Tse («Viejo Maestro»).[129]

Lao Tse rechazó la creencia en la supervivencia de un alma personal[130] y descartó un reino celestial.[131] Sin una vida futura, no había necesidad de salvación. Con el tiempo, sus enseñanzas resultaron demasiado difíciles de aceptar para la gente, y surgió el taoísmo religioso que enfatizaba el ritual, la magia y la alquimia.[132] Mientras que los taoístas filosóficos eran indiferentes a la muerte, los taoístas religiosos la temían y buscaban la inmortalidad física.[133]

Algunos recurrieron a la magia para protegerse de los males[134] y otros intentaron evitar la muerte sustituyendo los elementos frágiles de sus cuerpos con elementos imperecederos.[135] Como el oro es indestructible, creían que podían alcanzar la inmortalidad consumiéndolo.[136]

Pero como es un metal escaso, los taoístas desarrollaron la alquimia con la esperanza de transformar metales básicos como el plomo en dorados elixires de inmortalidad.[137] En su búsqueda de la inmortalidad, probaron materiales que resultaron tóxicos. Cuando los elixires resultaron inútiles o incluso fatales, sus seguidores, desilusionados, volvieron la vista a su interior en busca de la inmortalidad.[138] Buscaron una salud perfecta a través del yoga, creyendo que así conquistarían la vejez y la muerte. Los taoístas se concentraban en ejercicios de respiración para armonizar sus cuerpos con el universo.[139] Practicaban contener la respiración el mayor tiempo posible y exhalar lentamente, creyendo que eso transformaría a una persona mayor en joven.[140] Además, pensaban que podían prolongar la vida minimizando el uso de sus sentidos, practicando un retiro extremo del mundo y vaciando sus mentes.[141]

Movimiento *New Age*

El movimiento *New Age* es difícil de analizar porque no tiene fundador, doctrinas oficiales o prácticas religiosas estándar.[142] Hay tres grupos cuasirreligiosos bajo el paraguas *New Age*: los acuarianos, los wiccanos y los raëlianos.

Acuarianos. El movimiento New Age comenzó en la contracultura de la década de 1960 en Estados Unidos y Europa occidental.[143] Sus líderes autoproclamados combinaron diferentes prácticas y tradiciones con cuestiones ecológicas, una visión panteísta de Dios y la creencia de que la evolución espiritual traería una nueva era de paz y hermandad en la tierra. Los acuarianos se ven a sí mismos como un movimiento espiritual más que una religión.

En la década de 1970, el movimiento de salud holística se fusionó con las prácticas acuarianas. Según sus practicantes, la enfermedad es el resultado de un desequilibrio en los componentes físicos, mentales, emocionales y espirituales de la persona. Los acuarianos buscan restablecer el equilibrio mediante acupuntura, biorretroalimentación, homeopatía, reflexología, toque terapéutico, meditación, sanación psíquica, medicina herbaria y cristales.

Algunos creen que se puede abolir la muerte, que es la enfermedad suprema, y lograr una salud perfecta.[144]

Además de eliminar las enfermedades, los acuarianos creen que las prácticas holísticas detendrán el crimen, la violencia y las hostilidades internacionales. Aspiran a una Tierra regida por un gobierno mundial único que liberará el amor, la verdad, la alegría y la paz en el mundo, creando una hermandad universal.[145] La era de Acuario podría producirse inmediatamente si cincuenta millones de personas pensaran y rezaran simultáneamente por la paz durante una hora en quietud meditativa. Su energía colectiva provocaría una reacción en cadena que difundiría la iluminación por toda la humanidad. Además, desaparecerían las distinciones entre hombre y mujer, los cuerpos humanos pasarían del agua al aire y todos nos convertiríamos en seres telepáticos con capacidad para ver otras dimensiones.[146] En lugar de ser fuerzas negativas, ven el karma y la reencarnación como mecanismos positivos de evolución espiritual progresiva.[147] Los acuarianos creen que pueden alcanzar la salvación cuando comprenden que ya son dioses.[148]

Wiccanos. El segundo grupo bajo el paraguas *New Age* es Wicca. Esta pequeña religión comenzó en Inglaterra y se extendió a los Estados Unidos en la década de 1960, donde se unió a un creciente movimiento feminista.[149] Es una religión pagana poco organizada, sin un órgano rector ni líderes acordados.[150] Los wiccanos ven el universo como energías masculinas y femeninas que pueden manipularse. Usan gestos realizados con las manos para convocar a los dioses y practican la desnudez ritual para invocar a deidades de la naturaleza. Creen que las bolas de cristal almacenan energía para facilitar mensajes procedentes de otros reinos. Los wiccanos buscan hacerse uno con el universo a través de su adoración a la naturaleza y su participación en causas ecológicas.[151]

Las creencias wiccanas sobre una vida futura no están unificadas. La mayoría sigue un enfoque hindú modificado de la salvación. Creen que la reencarnación es un proceso positivo de evolución espiritual mediante el cual se pasa de criaturas inferiores a superiores hasta encarnarse en seres humanos, y que continúa hasta alcanzar la perfección.[152] Entre reencarnaciones, las almas descansan en un lugar llamado Summerland. los seguidores no se ponen de acuerdo sobre lo que ocurre cuando termina su viaje espiritual. Algunos creen que se vuelven uno con los dioses. Otros piensan que experimentarán otra sucesión de vidas en otro planeta.[153] Y otro grupo cree que su alma regresará a una fuente de energía divina, a la que caracterizan como una diosa.[154]

Raëlianos. El tercer grupo bajo el paraguas *New Age* es una colección de grupos religiosos OVNI. La más destacada es la religión raëliana, fundada en 1975.[155] Sus seguidores creen que toda la vida en la Tierra fue creada a partir del ADN por científicos extraterrestres que visitan regularmente nuestro planeta a través de canalizaciones, materializaciones interdimensionales y naves espaciales. Creen que los extraterrestres están guiando activamente la evolución física y espiritual de los humanos para crear una nueva era de desarrollo humano.[156]

La secta OVNI conocida como *Heaven's Gate,* cuyos miembros se suicidaron en masa para poder encontrarse con una nave espacial, creía que eran seres extraterrestres estacionados en la Tierra.[157] Según sus escritos, hubo un intento anterior de guiar la historia humana cuando un extraterrestre entró en el cuerpo de Jesús tras su bautismo.[158] Dado que Jesús conocía la verdad sobre los extraterrestres y cómo podían avanzar los humanos, los extraterrestres luciferinos mataron a Jesús para evitar que los humanos evolucionaran al siguiente nivel.[159] Las creencias de Heaven's Gate no son únicas. Otros autores de la Nueva Era adoptan puntos de vista similares.[160]

Los raëlianos creen que el alma no abandona el cuerpo al morir. En lugar de eso, las partículas de las que estamos hechos regresan a la Tierra para ser recicladas.[161] En consecuencia, la clave para la vida eterna es evitar la muerte.[162] Con miembros en ochenta y cuatro países, su líder afirma que las personas pueden alcanzar la inmortalidad clonándose a sí mismas y descargando sus personalidades en nuevos cuerpos.[163]

Los raëlianos depositan su fe en el poder de la ciencia para manipular, mutar y crear nueva vida. La única esperanza de inmortalidad reside en la capacidad de los científicos de controlar el ADN.[164] Con ese fin, los raëlianos están experimentando con la clonación humana. La química Brigitte Boisselier, directora de una empresa afiliada a los raëlianos, justificó la clonación humana afirmando que no existe vida después de la vida, a menos que la creen los científicos.[165] Solo a través de nuestro código genético podremos alcanzar la vida eterna.[166]

Judaísmo

El judaísmo rechaza la reencarnación. Las escrituras hebreas afirman que somos una brisa pasajera que no regresa.[167] Una vez muertos, nunca más participaremos en nada de lo que sucede bajo el sol.[168] Y, como todos pecamos,[169] Dios juzgará cada obra, ya sea buena o mala.[170] No hay otro salvador, solo Dios.[171] Para lograr la salvación, Dios exige una ofrenda sustitutiva de la sangre para expiar el pecado. Para satisfacer el requisito, el rey Salomón construyó un templo en Jerusalén donde se realizaban sacrificios de animales.[172] La práctica terminó en el año 70 d. C., cuando los ejércitos romanos destruyeron el templo.[173] Sin él, no podía haber ofrendas de sacrificio para expiar los pecados. Como consecuencia, los judíos tuvieron que replantearse cómo abordar la salvación.

Con el tiempo, se desarrollaron dos escuelas de pensamiento. Una sostiene que los judíos heredan el cielo en virtud de la alianza de Dios con Abraham.[174] Otra escuela enseña que la salvación se gana a través de buenas obras.[175] Ninguno de estos enfoques satisface el requisito de Dios de una ofrenda de sangre sustitutiva. En consecuencia, el judaísmo ortodoxo espera reconstruir el templo.[176]

Cristianismo

Al igual que el judaísmo, el cristianismo rechaza la reencarnación y enseña que morimos una vez y luego enfrentamos el juicio.[177] Las creencias cristianas se basan en la enseñanza de la Biblia hebrea, según la cual nadie es justo porque todos han pecado, lo que da lugar a la separación de Dios.[178] Para restañar la ruptura entre el hombre y Dios, el cristianismo acepta la enseñanza judía de una ofrenda de sangre sustitutoria para borrar el pecado; de lo contrario, no puede haber perdón.[179]

En contraste con las ofrendas de animales que exige la ley judía, la doctrina cristiana sostiene que el sacrificio requerido ocurrió mediante la crucifixión de Jesús.[180] Su muerte se recuerda en la sagrada comunión, también llamada la Cena del Señor, en la que el vino o el mosto de uva simbolizan la sangre de Jesús derramada para el perdón de los pecados.[181]

Los cristianos creen que la destrucción del templo en el año 70 d. C. fue la eliminación por parte de Dios del sistema de sacrificio de animales, que ya no era necesario.[182] Para los cristianos, el camino hacia Dios pasa exclusivamente a través de la fe en Jesús y su sacrificio expiatorio. Enseñan que quien cree en Jesús tiene vida eterna, pero quien lo rechaza se enfrenta a la separación eterna de Dios.[183]

Islam

Islam en árabe significa «sumisión» a Dios.[184] A los seguidores se les llama musulmanes, que significa «el que se somete».[185] Al igual que el judaísmo y el cristianismo, el islam rechaza la reencarnación. A diferencia de los sacrificios de animales de las escrituras judías o de la salvación basada en la fe del cristianismo, el islam reserva la salvación para aquellos que creen en Alá y cuyas buenas acciones superan a sus malas acciones.[186]

Diferentes destinos

Algunos creen que no importa qué camino espiritual se siga porque todos los caminos conducen al mismo destino. No es así. En cuatro de las siete religiones no existe el cielo.

En el hinduismo, el alma sufre una reencarnación y castigo perpetuos hasta que se satisface la retribución kármica, algo que podría durar toda la eternidad. Para alcanzar la salvación, uno debe seguir el sendero de las obras, el conocimiento o la devoción. Si se tiene éxito, el alma es absorbida por el universo como una gota de agua en el océano.

En el budismo, la reencarnación se supera siguiendo el Óctuple camino de Gautama para despojarse de todo deseo, hasta que la energía kármica de la persona se apaga como una vela.

Los taoístas buscan prolongar sus vidas el mayor tiempo posible porque no existe otra vida.

Para los seguidores de *New Age*, la salvación depende de si eres acuariano, wiccano o raëliano. La salvación se puede lograr (i) al comprender que uno ya es un dios, (ii) al someterse a una evolución espiritual hasta alcanzar la perfección, o (iii) al alcanzar la vida eterna mediante la clonación.

Las tres religiones restantes reconocen una vida futura, pero siguen caminos que excluyen a todas las demás para lograrla. El judaísmo requiere un sacrificio de sangre para borrar los pecados; el cristianismo exige fe en Jesús; y el islam requiere buenas obras.

Cada una de las religiones anteriores hace afirmaciones que son incompatibles con las creencias de las otras religiones. No todas pueden ser ciertas. El simple hecho de afirmar que algo es cierto no hace que lo sea. Cada religión debe validar sus afirmaciones con pruebas relevantes procedentes de una fuente fiable. Con ese fin, los capítulos restantes aplicarán las reglas de la evidencia a las afirmaciones religiosas para determinar cuáles son creíbles.

Capítulo 5

FUENTE DEL CONOCIMIENTO ESPIRITUAL

Un testigo no puede declarar sobre un asunto a menos
que tenga conocimiento personal del mismo.
—Reglas Federales de Evidencia

Las pruebas presentadas ante un jurado no pueden ser conjeturas. Según las Reglas Federales de Evidencia, los testigos deben tener conocimiento personal antes de testificar sobre un asunto.[187] No pueden especular sobre un acontecimiento. Solo pueden dar testimonio de lo que han visto y oído. El mismo principio se aplica a las afirmaciones religiosas.

Cuando una religión afirma que las almas pasan por un ciclo interminable de nacimiento, muerte y renacimiento hasta que todos los pecados son castigados, ¿de dónde viene esa información? ¿Es una conjetura o proviene de una fuente de confianza? En consecuencia, la primera prueba en la búsqueda de la verdad es determinar la fuente de las enseñanzas de cada religión.

Hinduismo

El hinduismo no tiene fundador y sus seguidores no se ponen de acuerdo sobre qué *corpus* documental conforma los escritos sagrados hindúes.[188] Desde sus inicios, el hinduismo ha sido un sistema de creencias politeísta que enfatiza los ídolos y los ritos de fertilidad sexual asociados con una diosa madre y una divinidad masculina.[189] Como sistema de creencias unificado, el hinduismo es una mezcla de creencias y filosofías religiosas absorbidas de otras culturas.[190]

Con el tiempo, se desarrolló un sacerdocio que componía himnos, realizaba ceremonias y lanzaba encantamientos. Todo esto se transmitió oralmente de generación en generación, hasta que fue plasmado en los escritos llamados Vedas. Estos son el Rigveda, que consiste en poesía; el Samaveda para cantar; el Yajurveda, que aborda los métodos de sacrificio; y el Atharvaveda, que contiene ceremonias místicas.[191]

A medida que el hinduismo evolucionó, muchos hindúes abandonaron sus hogares para vivir en los bosques, donde meditaban sobre el universo y discutían ideas entre ellos. De sus discusiones surgieron nuevas doctrinas, la más importante de las cuales era la creencia de que el alma de una persona pasaba de un cuerpo a otro después de la muerte. Sus conversaciones están plasmadas en los Upanishads.[192] Las discusiones incluyen el significado de Brahman (conciencia absoluta), cuyo símbolo es la sílaba sagrada «OM».[193] Dado que los Upanishads son una recopilación de opiniones diferentes, están llenos de contradicciones.

Otro texto considerado el evangelio del hinduismo es el Bhagavad Gita, un poema sobre una batalla entre el bien y el mal.[194] Los Vedas, los Upanishads y el Bhagavad Gita son las escrituras fundacionales hindúes.

Aunque los hindúes creen que sus escrituras fueron reveladas a los «videntes» y posteriormente transmitidas oralmente de generación en generación, solo los Vedas aluden a un origen no humano.[195] Ningún otro escrito hindú alega inspiración divina. Esto significa que ciertas creencias hindúes importantes contenidas en los Upanishads y el Bhagavad Gita serían inadmisibles ante un tribunal por considerarse especulaciones.

Budismo

En su forma más temprana, el budismo no era una religión, sino una filosofía de autosalvación fundada por Siddhartha Gautama.[196] Aunque los datos son escasos, la tradición dice que Gautama nació en una familia noble y creció rodeado de lujo. Ya siendo adulto, se angustiaba cuando observaba enfermedades, vejez y muerte en el mundo exterior. Su angustia lo obligó a abandonar a su esposa y a su hijo para buscar la salvación de las miserias que había presenciado.[197]

Tras seis años de meditación profunda y negación física, hasta el punto de la inanición, Gautama abandonó la religión hindú y se sentó bajo un árbol a meditar sobre el sufrimiento.[198] Gautama llegó a la conclusión de que el sufrimiento estaba causado por el deseo, y la única forma de eliminar el sufrimiento era eliminar el deseo.[199]

Cuando Gautama fundó el budismo, dejó claro que sus creencias no provenían de ningún dios, sino que se basaban únicamente en su propia experiencia.[200] Gautama no creía que existiera un ser supremo. Si los dioses existían, necesitaban sus conocimientos para poder liberarse ellos también de la reencarnación.[201] En cuanto concluyó que el deseo era la fuente del sufrimiento, Gautama declaró que había alcanzado la iluminación plena y se refirió a sí mismo como *Buda*, que significa «el iluminado».[202]

Puesto que el budismo es la obra de un hombre que rechazó la inspiración divina, sus enseñanzas se considerarían especulativas e inadmisibles ante un tribunal.

Taoísmo

Según la filosofía taoísta, todo en la naturaleza es un equilibrio de opuestos llamados *yin* y *yang*. El yin es femenino, pasivo, receptivo, oscuro y suave. El yang es masculino, activo, creativo, brillante y duro.[203] El objetivo del taoísmo es lograr la armonía con el universo. Con ese fin, los taoístas se centran en la meditación profunda, una dieta especializada y ejercicios de respiración para unirse con el vacío que es el Tao.[204] Además, vacían sus mentes de todas las distracciones, incluida la búsqueda del poder, el éxito y el aprendizaje. La mejor manera de evitar distracciones es retirarse de la sociedad y refugiarse en el aislamiento de las colinas para estar en comunión con la naturaleza.[205]

A partir del siglo I d. C., el taoísmo se vio presionado por maestros religiosos que ofrecían a la gente una nueva y apasionante religión con dioses, fantasmas, demonios y espíritus malignos. Para evitar la extinción, los sacerdotes taoístas hicieron de Lao Tse un dios, agregaron otros dioses y diosas, desarrollaron rituales, magia y adoración, y llamaron a su versión del taoísmo el «Camino de los Maestros Celestiales».

Dado que el *Tao Te Ching* es obra de un hombre que no pretendió tener inspiración divina, sus enseñanzas se considerarían poco fiables e inadmisibles ante un tribunal.

Movimiento *New Age*

Acuarianos. Los acuarianos sostienen que tienen visiones religiosas a través de una forma de contacto con los espíritus llamada canalización. Los canalizadores afirman que interactúan con ángeles, extraterrestres, personalidades históricas, dioses y diosas antiguos, gnomos, hadas y plantas. Las formas de canalización incluyen sueños, trances, visiones clarividentes, tableros Ouija y escritura automática.[207] Las ideas de las fuentes canalizadas varían drásticamente de un autor a otro y tienden a ser una cuestión de preferencia más que de verdad.[208] Como resultado, los acuarianos mantienen sus creencias solo en la medida en que les sean de ayuda personal. Si una creencia particular ya no es útil, la abandonan y adoptan otra.

Wiccanos. Al igual que los acuarianos, los wiccanos no tienen libros sagrados ni líderes acordados. Como consecuencia, no existe un conjunto reconocido de verdades wiccanas. En lugar de eso, la verdad se revela individualmente a sus practicantes. Aunque la «verdad» revelada a un wiccano puede contradecir completamente la «verdad» revelada a otro, los wiccanos consideran aceptables las revelaciones contradictorias.[209] Para los creyentes, no existe una verdad para todas las personas en todos los tiempos, solo una verdad concreta a un wiccano específico en un momento determinado.

Raëlianos. Aunque algunos grupos ovni practican el ocultismo, los raëlianos no lo hacen.[210] Reciben sus mensajes de un extraterrestre que habla a través del líder raëliano francés Claude Vorilhon. El extraterrestre que se convirtió en su guía le cambió el nombre de Claude a «Raël» y lo nombró embajador de una raza de extraterrestres llamada Elohim.[211] Raël afirma ser hijo de un extraterrestre llamado Yahweh y medio hermano de Jesús, Buda y Moisés.[212] Raël se autodenomina el último de los profetas, el pastor de pastores y el guía de guías.[213]

Como los acuarianos, wiccanos y raëlianos afirman que sus enseñanzas provienen de fuentes no humanas, sus verdades reveladas serían admisibles en los tribunales. Sin embargo, sufrirían serios problemas de credibilidad una vez que los abogados cuestionaran sus creencias contradictorias y continuamente cambiantes.

Judaísmo

El judaísmo se creó con la promesa de Dios a Abraham de que la tierra de Canaán (ahora Israel) sería el hogar de Abraham y sus descendientes.[214] Por ello, los descendientes de Abraham pasaron a ser conocidos como «Hijos de la Promesa» y «Pueblo Elegido de Dios». Debido a la naturaleza de la promesa, el judaísmo es a la vez una religión y un pueblo. Dios repitió su promesa a Isaac, el hijo de Abraham, y Jacob, su nieto.[215] Las escrituras hebreas describen el encuentro de Jacob con Dios, que cambió su nombre por el de Israel, que significa «lucha con Dios».[216]

Ya en la vejez de Jacob, el hambre asoló la región, provocando que Jacob, once de sus hijos y sus familias se trasladaran a Egipto, donde ya residía un duodécimo hijo. Vivieron en esa tierra durante los siguientes cuatrocientos años. Pasado un tiempo, los descendientes de Abraham fueron obligados a trabajar como esclavos, pero su número continuó aumentando hasta el punto que los egipcios temieron que se volvieran demasiado fuertes para mantenerlos sometidos. Para controlar su crecimiento, el faraón ordenó matar a todos los varones recién nacidos. Una madre escondió a su hijo en una canasta que dejó flotando en el río Nilo, donde fue descubierto y adoptado por la hija del faraón, que lo llamó Moisés.[217] Moisés se crio en la casa del faraón y fue educado en las costumbres de Egipto, pero huyó del país tras matar a un egipcio por maltratar a un esclavo hebreo. Durante los siguientes cuarenta años, Moisés vivió en el desierto, se casó, tuvo hijos y llevó la vida tranquila de un pastor. Después de un encuentro personal con Dios ante una zarza ardiente, Moisés regresó a Egipto y exigió que el faraón liberara al pueblo de Dios.[218] Cuando el faraón se negó, Dios golpeó a Egipto con una serie de plagas devastadoras. Después de la décima plaga, el faraón los liberó y Moisés los condujo fuera de Egipto.

Mientras estaba en el desierto, Dios se apareció a Moisés en el monte Sinaí y estableció las leyes por las que se debía regir el pueblo de Israel. Dios les recordó lo que había hecho para liberarlos de la esclavitud y, si le obedecían, ellos serían su posesión más preciada y una nación santa.[219]

En lugar de especulaciones y conjeturas, la Biblia afirma explícitamente que las enseñanzas transmitidas a través de Moisés y los profetas procedían de Dios. La Biblia usa repetidamente frases como:

> El Señor Dios dijo...
> El Señor habló...
> El Señor ordenó...
> El SEÑOR soberano declara...
> El SEÑOR respondió…
> Esto es lo que dice el SEÑOR todopoderoso ...

El SEÑOR Dios ordenó...

El SEÑOR reveló...

Escucha la Palabra del SEÑOR...

El SEÑOR se apareció a... y dijo...

La Palabra del SEÑOR vino...

El SEÑOR dijo a través de sus sirvientes, los profetas...

Pasado un tiempo, los descendientes de Abraham cruzaron el río Jordán y entraron en la tierra prometida, convirtiéndose en la nación de Israel, con Jerusalén como su capital. Además de ser llamados hebreos, fueron llamados judíos, una palabra que tiene su origen en la palabra hebrea Yehudi, que significa «del Reino de Judá», en honor al cuarto hijo de Jacob.[220]

Como los profetas judíos afirmaban claramente que su información provenía de Dios, las enseñanzas de la Biblia se convierten en evidencia admisible.

Cristianismo

La Biblia cristiana adopta las escrituras hebreas y se refiere a ellas como el Antiguo Testamento. Para los cristianos, el Nuevo Testamento comienza con el nacimiento de Jesús, cuyo ministerio se inició cuando Juan el Bautista surgió del desierto proclamando que el reino de Dios estaba cerca.[221] Juan anunció la llegada del Mesías prometido, encarnado en la persona de Jesús.

Al igual que con las escrituras del Antiguo Testamento, los escritores del Nuevo Testamento afirmaron con total claridad que su información provenía de Dios y describieron una nueva alianza entre Dios y el hombre.[222] Dado que el Nuevo Testamento recoge las escrituras judías, su credibilidad está ligada a esos escritos. Por ello, la evaluación del cristianismo se aplazará hasta que se haya comprobado la credibilidad de la Biblia hebrea.

Islam

El islam fue fundado por un comerciante árabe llamado Mahoma, que se recluyó en una cueva donde afirmó haber recibido revelaciones del ángel Gabriel en un sueño. Durante los siguientes veintitrés años, las comunicaciones angelicales continuaron. Basándose en ellas, Mahoma anunció que había un solo Dios verdadero: Alá. Mahoma declaró que los judíos y los cristianos habían corrompido la palabra de Dios y que su misión era corregir esos errores. Las revelaciones de Mahoma se recopilaron en un libro llamado Corán (que se puede escribir *Quran*, *Koran*, *Qur'an* y *Qur'aan*), y los musulmanes consideran que es la palabra de Dios.[223] La afirmación de Mahoma de que sus revelaciones provenían de Dios las hace admisibles ante los tribunales.

Algo más que meras especulaciones

Para que se admita ante un jurado, el testimonio sobre la identidad de Dios, sobre cómo interactuar con Dios y lo que sucede cuando morimos debe provenir de una fuente acreditada. Según las Reglas Federales de Evidencia, una persona que declara en el estrado de los testigos no puede especular sobre la naturaleza de Dios y el camino hacia la salvación.[224] Las reglas probatorias requieren que el testigo tenga conocimiento personal antes de testificar, es decir, conocimiento de primera mano adquirido a través de sus sentidos.[225]

Como los escritos sagrados del budismo y el taoísmo no afirman contar con una fuente acreditada para su información, sus doctrinas son conjeturas inadmisibles. La mayoría de las escrituras hindúes y parte de la literatura *New Age* deben excluirse por la misma razón: no pretenden ser más que especulaciones.

Solo la Biblia hebrea, el Corán islámico, los Vedas hindúes y determinados escritos *New Age* afirman provenir de una fuente acreditada de información espiritual. Por ejemplo, Raël declara que un extraterrestre le dijo que los humanos fueron creados en un laboratorio, un espíritu guía le dijo a Shirley MacLaine que todos somos dioses atrapados en cuerpos humanos, y el ángel de Alá le dijo a Mahoma que los musulmanes que mueran luchando contra los infieles recibirán setenta vírgenes en el paraíso. Estas declaraciones no son rumores inadmisibles, ya que se comunicaron directamente a la persona que testifica.[226] Incluso si se cuestionaran, las Reglas Federales de Evidencia las admiten como prueba porque no se puede hacer que sus fuentes asistan a los procedimientos judiciales, ya sean extraterrestres, guías espirituales o el ángel de Alá.[227] El siguiente paso es evaluar la credibilidad del mensajero de cada religión.

Capítulo 6

DIOS DE LA NATURALEZA

Credibilidad: digno de creencia.
—*Black's Law Dictionary*[228]

Si alguien entra en una comisaría de policía y confiesa un delito, los investigadores no lo aceptan sin más. Ponen a prueba la confesión para ver si es auténtica, ya que a veces las personas confiesan delitos que no cometieron. Una técnica común para determinar la veracidad es preguntar a la persona sobre el delito. Si cometió el delito, debería poder describirlo con todo detalle.

Quienes falsifican la confesión hablan con vagas generalidades porque conocen el crimen de oídas. Por tanto, los detalles dan peso a una confesión. En la medida en que coincidan con los detalles conocidos por la policía, la confesión se vuelve más creíble. Las confesiones que carecen de detalles o contradicen hechos conocidos se consideran falsas.[229]

La misma técnica de investigación puede aplicarse a las afirmaciones religiosas. Podemos comenzar con la descripción de Dios que hace cada religión.

Una descripción general de Dios

Einstein creía que el estudio de la naturaleza revela a Dios.[230] Así como los dibujantes de la policía pueden crear composiciones del retrato de un sospechoso entrevistando a las víctimas, también podemos esbozar una descripción de Dios examinando el universo y sus leyes.

Sabemos por la ley de la causalidad que un evento no puede causarse a sí mismo. Algo debe precederlo y desencadenar el evento. Por ejemplo, una casa no se puede construir sola. Una persona (el agente causal) debe diseñarla y construirla. De manera similar, el universo no puede diseñarse ni construirse a sí mismo. Una entidad inteligente (el agente causal) debe diseñarlo y construirlo. A esa entidad inteligente la llamamos «Dios».

La cantidad de energía necesaria para crear el universo escapa a toda comprensión. Dado que un efecto (el universo) no puede ser mayor que su causa (Dios), podemos concluir que Dios es mayor que el poder total en todo el universo, lo que hace que Dios sea todopoderoso. Como dos dioses no pueden ser todopoderosos simultáneamente, solo puede haber un Dios. Puesto que todo lo que existe proviene de Dios, él tendría conocimiento de todo lo que pone en movimiento, lo que convierte a Dios en omnisciente.

Sabemos que el tiempo no existe fuera del universo: surgió con la creación del universo y es parte del tejido del espacio.[231] Como Dios existe independientemente del universo, existe fuera del tiempo. Por lo tanto, Dios no está sujeto al envejecimiento, convirtiendo a Dios en eterno.

También podemos deducir otras características. La vida no puede surgir combinando al azar átomos inertes. La ley de la biogénesis estableció que la vida solo proviene de la vida.[232] Esto significa que un Dios vivo insufló vida a un universo sin vida.

El cuerpo humano es algo más que una acumulación de átomos: somos seres conscientes, pensantes, sensibles y conscientes de nosotros mismos. El ateo Fred Hoyle no entendía cómo era posible.[233] El ateo Richard Dawkins lo llamó el misterio más profundo al que se enfrenta la biología moderna.[234] El físico matemático y premio nobel Roger Penrose escribió un libro completo sobre el tema y concluyó que la ciencia no puede explicar la conciencia.[235] El hecho de que los humanos sean conscientes de su existencia, piensen, razonen y realicen acciones deliberadas, significa que estas cualidades existen en Dios, que es quien nos las dio.

En resumen, podemos concluir que Dios es un ser vivo y consciente que existe independientemente del universo, y además es todopoderoso, eterno y omnisciente. Si una religión defiende verdades espirituales, podemos determinar su credibilidad examinando su descripción de Dios. Si su descripción coincide con el Dios observado en la naturaleza, sus enseñanzas se vuelven creíbles. Si la religión no logra identificar a Dios, sus enseñanzas no son dignas de confianza.

Brahman

El hinduismo considera que el universo mismo es Dios.[236] Por lo tanto, toda la naturaleza debe ser adorada, incluidas las montañas, los ríos, las plantas y los animales.[237] Además, el mundo está poblado de dioses que viven, mueren y son reemplazados por otros dioses.[238] A medida que el hinduismo evolucionó, surgieron treinta y tres deidades principales junto con cientos de dioses menores.[239] Muy pronto, tres de ellos se convirtieron en dominantes: Brahma el creador, Vishnu el preservador y Shiva el destructor.[240] A pesar de su elevado estatus, los dioses hindúes no son eternos. Son productos del universo y existen dentro de sus confines.[241] Como tales, están sujetos al karma, la muerte y la reencarnación, al igual que los seres humanos.[242] En las escrituras hindúes no existe un ser supremo.[243] En lugar de eso, el universo está controlado por un principio abstracto e impersonal llamado Brahman,[244] que es sinónimo de universo.[245]

Buda

El fundador del budismo rechazó al dios panteísta del hinduismo,[246] la autoridad de los escritos hindúes[247] y la existencia de Dios.[248] Gautama, sin embargo, adoptó el concepto hindú de una ley kármica impersonal que gobierna el universo y que recompensa las buenas acciones y castiga las malas.[249] Creía que el karma funcionaba automáticamente sin la necesidad de que un dios lo supervisara. Gautama fue elogiado por el filósofo alemán Friedrich Nietzsche porque desechaba el concepto de Dios.[250]

Aproximadamente cuatrocientos años después de la muerte de Gautama, surgió una escuela liberal de budismo llamada *Mahayana*.[251] Esta transformó la filosofía de Gautama en una religión al convertir a Gautama en un dios[252] y abrazar el panteísmo.[253] En su opinión, Gautama es una entidad omnisciente digna de adoración. Además, el budismo mahayana agregó conceptos mitológicos, otras deidades y fuerzas mágicas.[254]

La escuela mahayana adoptó dos visiones de la fuerza del universo. Una enseñaba que no podía describirse, mientras que la otra lo definía como mente, pensamiento o conciencia. Ninguno de los conceptos identifica a la fuerza como un ser vivo. Más bien es un principio filosófico.[255] Ambas escuelas budistas se centran en la autotransformación para alcanzar el nirvana. Los theravadanes se concentran únicamente en los esfuerzos individuales. Los budistas mahayana incluyen oraciones a Gautama en sus esfuerzos por obtener la salvación.[256]

Tao

El *Tao Te Ching* no aborda la existencia de Dios. En realidad, describe el *Tao*, que no es un ser supremo ni un dios de ningún tipo.[257] Es más bien un principio que lo abarca todo y del que surgen todas las cosas.[258] Es el vacío, es no ser y no acción. Al igual que sucede con el budismo, posteriormente surgió una versión religiosa del taoísmo que abarcaba dioses, espíritus, demonios, fantasmas y magia.[259] Ni el taoísmo filosófico ni el taoísmo religioso reconocen la existencia de un Dios Creador.

Fuerza divina

Las creencias del movimiento *New Age* sobre Dios son dispersas y contradictorias. Dentro del movimiento encontramos politeísmo, panteísmo y ateísmo, pero no monoteísmo.

Acuarianos. Los acuarianos no aceptan la existencia de un Dios Creador. En su lugar, creen en una dinámica autoorganizada,[260] una fuerza divina panteísta[261] o un principio unificador definitivo que es parte del universo.[262] La autora *New Age* Marilyn Ferguson definió a Dios como la conciencia total del universo, que ella creía que se había expandido a través de la evolución humana.[263] El guía espiritual de Shirley MacLaine le dijo que los humanos no están bajo la ley de Dios porque *son* Dios. Su guía también le dijo que nunca debía adorar a nadie ni a nada que no fuera ella misma.[264]

Wiccanos. Los wiccanos no aceptan la existencia de Dios. Para ellos, el universo consta de energías masculinas y femeninas.[265] Muchos personalizan las energías en un dios con cuernos y una diosa madre, mientras que otros se centran únicamente en una diosa.[266] Algunos incluyen una visión politeísta en la que el universo está poblado por los espíritus de las brujas fallecidas y otras entidades espirituales que habitan en árboles, rocas y otros elementos naturales.[267]

Raëlianos. Los raëlianos no aceptan la existencia de Dios. Como creen que el universo es infinito, esto elimina la posibilidad de un Dios todopoderoso y omnipresente.[268] Según los raëlianos, «Dios» es un equipo de científicos extraterrestres que crearon la vida en la Tierra.[269] Los extraterrestres que nos crearon fueron creados por seres de otro planeta, que, a su vez, fueron creados por seres de un tercer planeta, y así sucesivamente.[270] Dado que los extraterrestres nos crearon a través de la ciencia, los raëlianos depositan su fe en la ciencia como la esperanza más importante para la humanidad.[271]

Yahvé

En contraste con el panteísmo, el politeísmo y ateísmo del hinduismo, el budismo, el taoísmo y el movimiento *New Age*, las escrituras judías identifican correctamente al Dios del universo como una entidad separada e independiente de su creación.[272] La Biblia describe a Dios como eterno,[273] todopoderoso,[274] omnisciente[275] y omnipresente.[276] Él es el único Dios,[277] una entidad viviente[278] que siente emociones[279] y cuyo nombre es *Yahvé*[280] (también traducido como Jehová o el SEÑOR[281]).

Alá

Al igual que el judaísmo, el islam describe a Alá como el creador del universo,[282] alguien que existe independiente del universo[283] y es único,[284] eterno,[285] todopoderoso,[286] omnisciente,[287] omnipresente[288] y viviente.[289] La descripción del Corán coincide con los atributos de Dios observados en la naturaleza.

Aunque Mahoma enseñó que Alá es el mismo Dios que adoran los judíos y cristianos, un examen más detenido revela algunas diferencias. El Dios judeocristiano tiene un nombre y busca una relación personal con la humanidad. El Alá de Mahoma es frío, impersonal, incognoscible y alejado de la humanidad.[290] El Alá del islam no tiene nombre. La palabra *Alá* es una palabra árabe genérica que significa «Dios».[291] La profesión de fe musulmana «No hay otro Dios que Alá» se traduce mejor como «No hay otro Dios que Dios».

El Señor

La visión que el cristianismo tiene de Dios coincide con la del judaísmo, excepto por una diferencia significativa que examinaremos más adelante en este libro.

Evaluación de la credibilidad

En los tribunales, la credibilidad determina el resultado de la mayoría de los juicios.[292]

Si el testimonio de un testigo no es creíble, el jurado lo rechazará. Si una religión afirma conocer a Dios pero no puede identificarlo, el jurado puede, con toda justicia, considerar que las afirmaciones de la religión no ofrecen confianza. El hinduismo, el budismo, el taoísmo y el movimiento *New Age* no reconocen a un Dios Creador. En su lugar, abrazan una mezcla de panteísmo, politeísmo y ateísmo. En consecuencia, deberíamos rechazar como especulaciones sus doctrinas sobre el karma, la reencarnación, los guías espirituales y la experimentación extraterrestre.

La Biblia y el Corán describen correctamente a Dios tal y como se revela en la naturaleza. De este modo, reivindican con credibilidad un conocimiento exacto de los asuntos espirituales. Aun así, el islam y el judaísmo no coinciden en los requisitos que dicta Dios para la vida moral, en nuestra relación con él o en su camino hacia la salvación. Ambas religiones no pueden ser ciertas. Para decidir qué religión sirve como conducto para el mensaje de Dios, podemos pedir pruebas adicionales.

Capítulo 7

LAS HUELLAS DE DIOS

Autenticación: prueba suficiente para corroborar que el
asunto en cuestión es lo que afirma su proponente.

—*Black's Law Dictionary*[293]

Más de novecientos miembros de una secta religiosa dirigida por Jim Jones
murieron en un suicidio colectivo en 1978, incluyendo más de trescientos
niños.[294] Setenta y cuatro miembros de una secta religiosa conocida como
la Orden del Templo Solar murieron en rituales de suicidio-asesinato en
la década de 1990.[295] Treinta y nueve miembros de la secta Heaven's Gate
se suicidaron en 1997.[296] En todos los casos, las personas murieron porque
abandonaron la razón. Sin exigir pruebas, siguieron a alguien que afirmaba
tener un conocimiento especial sobre asuntos espirituales.

En cualquier tribunal, un abogado debe autenticar las pruebas antes de
presentarlas ante el jurado. La autenticación es el proceso de verificar algo.
El hecho de que un documento tenga el nombre de una persona no significa
que esa persona sea la autora. Podría ser una falsificación. Para autenticar
un documento, el abogado debe presentárselo a un testigo y preguntarle:
«¿Reconoce este documento?». Si la respuesta es afirmativa, le pide al
testigo que lo describa. «Es una carta que le escribí a mi hija». «¿Es su
firma la que aparece en la segunda página?». «Sí». Con esas respuestas,
la carta ha quedado autenticada y puede ser incorporada como prueba. En
ese momento, el abogado ya puede hacer preguntas sobre el contenido de
la carta. Si no hay autenticación, el jurado nunca verá la carta porque no
se puede verificar su autenticidad.

El mismo principio se aplica a alguien que afirma tener un conocimiento
especial de asuntos espirituales. Aquellos que afirman recibir mensajes
de Dios deben validar su condición de agentes de Dios antes de que los
escuchemos. Los novecientos seguidores de Jim Jones no habrían muerto
si hubieran exigido pruebas de que él era el agente de Dios y que era la
voluntad de Dios que se suicidaran.

Según lo dispuesto en las Reglas Federales de Evidencia, la autenticación
puede establecerse a través de rasgos distintivos.[297] Cada persona tiene

rasgos únicos: sus huellas dactilares y su ADN. Los milagros son uno de los rasgos distintivos de Dios. Si alguien afirma ser el mensajero de Dios, debemos esperar que Dios lo confirme con señales y prodigios que solo Él puede realizar.

¿Puede Dios realizar milagros?

Como son las leyes de la física las que gobiernan el universo, algunos sostienen que nadie las puede infringir, ni siquiera por Dios. Este argumento no tiene base lógica ni práctica: quienes tienen el poder de dictar las leyes tienen el poder de hacer excepciones. Por ejemplo, las legislaturas estatales aprueban leyes de tránsito para que la conducción sea segura. Sin embargo, eximen del cumplimiento de esas leyes al personal médico, policial y de bomberos cuando responden a una emergencia. Como están exentos, estos conductores pueden exceder los límites de velocidad y saltarse los semáforos sin temor a las multas. Difunden su exención con luces intermitentes y sirenas.

Además, los legisladores habitualmente se eximen a sí mismos de regulaciones que imponen al público en general. Por tanto, la lógica y la práctica común dictan que Dios puede eximirse de las leyes que él ha establecido. En consecuencia, cabría esperar que Dios use actos sobrenaturales para poner su sello de aprobación en las enseñanzas religiosas, de forma que podamos separar las verdades espirituales de las falsedades. Lo siguiente es un resumen de la autenticación que ofrecen las religiones del mundo para afirmar que se puede confiar en sus enseñanzas espirituales.

Hinduismo

La formación de las doctrinas hindúes no está rodeada de milagros ni actos sobrenaturales. No es de sorprender, ya que el dios panteísta del hinduismo no es una persona, sino más bien una fuerza impersonal que no puede oír ni responder a las oraciones. Aun así, cabría esperar que los dioses menores del hinduismo autenticaran sus mensajes con milagros.

Nunca se produjo tal validación. Los dioses hindúes son productos del universo y están limitados por sus leyes, al igual que los humanos. Al ser criaturas nacidas del universo, no pueden realizar milagros. Según las escrituras hindúes, sus dioses están sujetos al karma, envejecen y mueren.[298] Como las doctrinas hindúes sobre el karma y la reencarnación no llevan el sello de aprobación de Dios, no pueden considerarse dignas de confianza.

Budismo

Gautama rechazó la existencia de Dios y no ofreció pruebas de que sus enseñanzas fueran válidas. Siglos después de la muerte de Gautama, sus seguidores reconocieron la necesidad de justificar sus enseñanzas. Lo hicieron atribuyéndole milagros. En lugar de un nacimiento natural, afirmaron que Gautama había nacido proclamando que era el más grande del mundo y que pondría fin al sufrimiento.[299] Esas historias fueron rechazadas por las antiguas escuelas de budismo. Según los registros más antiguos, Gautama tuvo un nacimiento normal, seguido de una larga vida que terminó a causa de una intoxicación alimentaria accidental.[300]

La forma más antigua de budismo reconocía a Gautama como un hombre, no como un dios.[301] Además, Gautama no afirmó que sus palabras fueran de nadie más que suyas.[302] Cualquier supuesto milagro asociado con Gautama contradice su propia declaración de que sus palabras se basaban enteramente en su propia experiencia.[303] En lugar de Dios, Gautama creía en una ley kármica impersonal que gobernaba el universo. Sin el sello de aprobación de Dios, las enseñanzas de Gautama son simplemente sus opiniones, no verdades espirituales.

Taoísmo

Inicialmente, el taoísmo fue más una filosofía que una religión y permaneció así durante trescientos años, después de los cuales surgió el taoísmo religioso.[304] Para dotar al taoísmo de un aura de credibilidad, sus seguidores elevaron a Lao Tse a un estatus mítico. Afirmaron que lo había concebido una estrella fugaz, que estuvo en el vientre de su madre durante ochenta y dos años y que nació ya siendo un anciano sabio.[305] Al igual que con el hinduismo y el budismo, tales afirmaciones entran en conflicto con la creencia de Lao Tse en un principio impersonal que gobierna el universo. Sin validación, las creencias taoístas son especulativas y poco confiables.

Movimiento *New Age*

Aunque los acuarianos afirman ser dioses atrapados en forma humana, los acontecimientos sobrenaturales no han acompañado las enseñanzas de Shirley MacLaine ni de ningún otro maestro *New Age*.[306] Al igual que sucede con el hinduismo, el budismo y el taoísmo, los milagros son incompatibles con las creencias *New Age* en una fuerza impersonal que gobierna el universo, en lugar de un Dios vivo.

Aunque se dice que los wiccanos usan la magia, ellos no consideran que sus prácticas sean sobrenaturales. Afirman que los suyos son poderes naturales aún no identificados por la ciencia[307] y que consisten en la manipulación de energías a través de una concentración intensa.[308] Sin autenticación, sus creencias son especulativas.

Con su rechazo de Dios, ningún milagro autentifica las enseñanzas raëlianas. Aun así, Raël ofrece su propia versión de un nacimiento milagroso. Afirma que es producto de una granjera de quince años que fue transportada a bordo de una nave espacial extraterrestre y allí quedó embarazada.[309] Después de su nacimiento, Raël fue nombrado último profeta de la Era del Apocalipsis, que habría comenzado con el bombardeo de Hiroshima en 1945.[310] Sin un Dios que valide sus creencias, no sorprende que los raëlianos, los wiccanos y los acuarianos no puedan presentar pruebas de que sus creencias sean legítimas.

Islam

Cuando Mahoma afirmó haber recibido mensajes de un ángel, sus contemporáneos creyeron que estaba poseído por espíritus malignos o que padecía delirios inducidos por ataques epilépticos.[311] Mahoma insistió en que el ángel de Alá le había hablado, pero un público escéptico exigió una prueba en forma de milagro. Cuando Mahoma no logró realizar ninguno, le preguntaron por qué Alá no había enviado una señal.[312] A medida que crecía el escepticismo, Mahoma declaró que las revelaciones en sí mismas eran milagrosas.[313] Mahoma amenazó con hacer castigar a aquellos que no le creyeran. Cuando comenzaron las decapitaciones ordenadas por Mahoma, se produjeron a continuación muchas conversiones por miedo a la espada de Mahoma.[314]

Milagros inventados. Después de la muerte de Mahoma, su incapacidad para obrar milagros siguió siendo un problema para los no creyentes. Para subsanar esta deficiencia, algunos seguidores afirmaron que Mahoma había tenido un nacimiento milagroso. Dijeron que había salido del vientre de su madre declarando: «Dios es grande». Al mes ya gateaba, se puso de pie a los dos meses, caminó a los tres meses, corrió a los cuatro meses y disparó flechas a los nueve meses de edad. Algunos atribuyeron a Mahoma la potencia sexual de treinta hombres para poder tener relaciones sexuales diarias con cada una de sus once esposas. Un relato afirmaba que cuando Mahoma hacía sus necesidades intestinales, los árboles formaban un seto a su alrededor para que no lo viera nadie. También dijeron que no tenía sombra y que su orina curaba la hidropesía. El erudito islámico Ali Dashti calificó estas historias de «idiotas».[315]

Razonamiento circular. Hoy, la única prueba que ofrece el islam es la que dio Mahoma; es decir, era el mensajero de Dios porque sus revelaciones eran milagrosas.[316]

Esta «prueba» no puede ofrecerse ante los tribunales porque es circular. Comienza afirmando que las revelaciones de Mahoma fueron un milagro. ¿Por qué son un milagro? Porque provinieron de Alá. ¿Cómo sabes que provenían de Alá? Porque lo dijo Mahoma. ¿Por qué deberíamos creer a Mahoma? Porque es el profeta de Alá. ¿Cómo sabes que es el profeta de Alá? Porque sus revelaciones son un milagro. ¿Cómo sabes que sus revelaciones son un milagro? Porque lo dijo Mahoma. Da vueltas y vueltas para llegar al mismo sitio. Es un argumento que se muerde la cola.

Argumentos adicionales. Al reconocer que simplemente por declarar que las revelaciones de Mahoma fueron milagrosas no significa que lo sean, los eruditos islámicos ofrecen argumentos adicionales. Para autenticar el estatus de Mahoma como profeta, afirman que sus revelaciones, tal como están contenidas en el Corán, son tan hermosas y elocuentes que solo Alá podría haberlas producido. También sostienen que el Corán es eterno, increado y perfecto.[317] No tiene defectos, lo que demuestra que Alá fue su autor.[318] Y como Mahoma entregó el libro perfecto de Alá al mundo, él es el profeta de Alá.

Esta afirmación fracasa en varios niveles. La belleza y la elocuencia son completamente subjetivas. Algunos eruditos islámicos han reconocido que otros pueden producir obras de igual o mayor belleza que el Corán. Además, crear frases que se asemejen a versos coránicos no solo es posible sino también fácil.[319] Los poetas seculares y la inteligencia artificial generada por computadora pueden producir obras más elocuentes que el Corán. Si la belleza y la elocuencia son los criterios para declarar sagrado un texto, las obras de la inteligencia artificial y los poetas seculares deberían reemplazar al Corán.

Defectos gramaticales. La afirmación de que el Corán es eterno, increado y perfecto se ve socavada por sus defectos internos. El Corán contiene oraciones incompletas, palabras extranjeras, afirmaciones ininteligibles, géneros erróneos y gramática ilógica. Se han identificado más de cien irregularidades en las reglas y la estructura de la lengua árabe. Como los errores son tan flagrantes, un erudito musulmán afirmó que solo se podrían eliminar cambiando las reglas de la gramática árabe.[320]

Errores históricos. Además de los errores textuales, existen discrepancias entre las versiones bíblica y coránica de los acontecimientos. Según Philip Hitti, autor de *History of the Arabs*, casi todas las narraciones históricas del Corán tienen sus paralelos bíblicos, incluidas las referencias a Adán, Noé, Abraham, Ismael, Lot, José, Moisés, Saúl, David, Salomón, Elías, Job y Jonás.[321] Las descripciones del Corán, sin embargo, son a menudo vagas y a veces confusas.[322]

Los problemas surgen porque la versión de Mahoma de los acontecimientos bíblicos contradice las narraciones escritas miles de años antes del Corán. El erudito coránico César Farah señaló errores como confundir a Miriam, la hermana de Moisés, con la madre de Jesús. Otras contradicciones incluyen identificar a la esposa del Faraón en lugar de su hija como la que adoptó a Moisés[323] y decir que Noé era descendiente de Abraham, cuando hay escrituras hebreas mucho más antiguas que dicen que Abraham es descendiente de Noé.[324] Farah sugirió que los errores eran probablemente el resultado del relato que Mahoma había recibido de fuentes mal informadas.[325]

El Corán también contiene contradicciones internas, como afirmar que el hijo de Noé se ahogó en el gran diluvio, pero luego declara que su familia sobrevivió.[326] Antepone la creación de la tierra a los cielos y luego invierte el orden en un capítulo posterior.[327] El Corán dice que el faraón sobrevivió a su persecución de Moisés, pero en otro lugar afirma que se ahogó.[328]

Versos satánicos. Aún más dañino es el hecho de que el Corán contiene revelaciones que contradicen otras revelaciones. Algunos versículos tienen dos mandamientos opuestos en el mismo verso.[329] Mahoma los llamó abrogaciones. Afirmó que cada vez que Alá quiere que se olvide un mensaje anterior, lo reemplaza por uno mejor.[330] Cancelar un verso por otro contradice la afirmación de Mahoma de que Alá escribió el Corán. ¿Cómo es posible que Alá cometiera errores en sus revelaciones que requieren corrección en revelaciones posteriores?

Los errores eran tan preocupantes que llegaron a ser conocidos como versos satánicos. El autor británico Salman Rushdie escribió una novela sobre Mahoma titulada *The Satanic Verses*, que indignó a los clérigos islámicos.[331] En 1989, el ayatolá Jomeini consideró la novela sacrílega y ordenó a los musulmanes de todo el mundo buscar y asesinar a Rushdie.[332] En 2022 un hombre apuñaló a Rushdie varias veces cuando estaba a punto de dar una conferencia.[333]

El texto inconexo del Corán, las oraciones incompletas, la gramática ilógica, los errores históricos, las contradicciones internas y los versos satánicos contradicen la afirmación de Mahoma de que el Corán es eterno, increado y perfecto, un libro sin defectos escrito por Alá.

Un rastro de sangre. El comportamiento de Mahoma también desacredita su afirmación de ser el mensajero de Dios. Cuando Dios no validó las declaraciones de Mahoma, este comenzó a convertir a los incrédulos a punta de espada. Según Mahoma, era voluntad de Alá que los infieles fueran asesinados, crucificados o que se les cortaran las manos y los pies de lados opuestos del cuerpo.[334]

En una ocasión, Mahoma ordenó que les cortaran las manos y los pies a dos hombres, y que también les sacaran los ojos. En otra ocasión, le preguntaron a un prisionero si todavía negaba que Mahoma fuera el profeta de Alá. Cuando el prisionero dijo que necesitaba pensarlo, lo amenazaron con decapitarlo. Llegado a ese punto, el prisionero profesó el islam.[335]

Cuando Mahoma luchaba contra los infieles, tomó la decisión de no hacer prisioneros hasta que hubiera sembrado el miedo a la matanza en esa tierra. En una ocasión, setecientos prisioneros fueron decapitados a pesar de que se habían rendido a Mahoma a cambio de un salvoconducto para salir de la ciudad. Mahoma también ordenó asesinatos políticos.[336] Exigía a los musulmanes que llevaran a cabo *yihads* (guerras santas), donde los musulmanes mataban a los infieles dondequiera que los encontraran.[337] Solo criticar a Mahoma se castigaba con la decapitación por orden suya.[338]

Para motivar a sus seguidores en la batalla, Mahoma prometió que aquellos que murieran en combate irían al paraíso y se les darían mujeres jóvenes de hermosos ojos.[339] Cuando sus seguidores pidieron más detalles sobre su recompensa, Mahoma les dijo que las relaciones sexuales estaban permitidas en el paraíso y vivirían en palacios con setenta vírgenes preparadas para cada hombre. Cuando se le preguntó cómo podían tener relaciones sexuales con setenta jóvenes en un día, Mahoma les dijo que Alá les daría el vigor de cien hombres.[340]

El rastro de sangre de Mahoma continuó a través de los siglos y llega hasta los tiempos modernos. A principios del tercer milenio, las organizaciones musulmanas proclamaron que la expansión del islam exigía la *yihad* y anunciaron su intención de imponer el islam al resto del mundo.[341] Con ese fin, publicaron una guía de once volúmenes sobre cómo matar a los infieles llamada *Encyclopedia of Jihad*. El libro ofrece instrucciones sobre cómo infligir el terror en los infieles con explosivos, trampas explosivas, agentes biológicos, productos químicos, medicinas envenenadas y alimentos contaminados.[342]

Para avanzar en su guerra santa, los musulmanes participaron en un ataque terrorista contra Estados Unidos en 2001, estrellando dos aviones comerciales contra ambas torres del World Trade Center en la ciudad de Nueva York, cobrándose miles de vidas inocentes y haciendo que los edificios colapsaran.[343] El líder terrorista Osama bin Laden justificó el asesinato de civiles citando un verso del Corán que instruía a los musulmanes a matar a los infieles dondequiera que los encontraran.[344]

Aunque algunos musulmanes lamentaron la destrucción del World Trade Center, muchos celebraron a los terroristas como héroes. Los líderes islámicos de todo el mundo respaldaron el ataque.[345] Los principales clérigos musulmanes de Egipto, Irán, Arabia Saudita, los estados del Golfo Pérsico y Estados Unidos, que se reunieron en una cumbre islámico-cristiana tras el ataque, se negaron a condenar la masacre.[346] Algunos justificaron el asesinato en masa como la ira de Dios contra Estados Unidos.[347] Otro terrorista que intentó hacer estallar un avión comercial lleno de pasajeros dijo que era su deber a causa de la guerra que se estaba librando entre el islam y los infieles.[348]

Los terroristas musulmanes atacaron de nuevo en 2023. Esta vez, el ataque no provocado fue contra Israel, donde los terroristas de Hamás asesinaron y mutilaron a 1.200 judíos e hirieron a otros 3.400.[349] Los estatutos de Hamás describen el objetivo de la organización como la destrucción total de Israel utilizando para ello la *yihad* sin restricciones.[350] Al igual que había sucedido con el ataque contra Estados Unidos, la masacre fue celebrada por los musulmanes y justificada con versos coránicos. El periodista Mansour Al-Mutlaq escribió que el ataque era el cumplimiento divino de la Sura 17 del Corán.[351]

El legado de violencia fomentado por Mahoma desacredita su afirmación de ser el profeta de Dios. Si sus revelaciones fueran un milagro, deberían persuadir por sí solas. Los musulmanes no necesitarían convencer a los escépticos aterrorizando al mundo, decapitando infieles, estrellando aviones contra edificios y masacrando a civiles inocentes.

Si tenemos que creer que Mahoma fue el profeta de Dios, los que dudan tienen derecho a exigir pruebas. Cuando pidieron una señal de Dios, Mahoma debería haber aportado pruebas convincentes que corroborasen sus afirmaciones. Como no pudo hacerlo, exigió que los escépticos confiaran en su palabra y ordenó su muerte si no lo hacían.

Se advierte a los jurados que, si se presentan pruebas endebles cuando una parte podría haber presentado pruebas más sólidas, no se debe confiar en las pruebas endebles.[352] El hecho de que Mahoma no presentara pruebas de que sus mensajes procedían de Alá, unido a su violencia contra los no creyentes, hace que sus afirmaciones no sean dignas de confianza.

Judaísmo

A diferencia de otros escritos religiosos, los milagros ocupan un lugar destacado en la Biblia hebrea. Por ejemplo, un hombre padecía lepra y fue enviado al rey de Israel con regalos y una carta pidiendo que lo curara. El rey se rasgó las vestiduras con frustración y repuso que él no era Dios. Exigió saber por qué el hombre pensaba que el rey podía curar la lepra.[353] Entonces, el leproso fue enviado a un profeta de Dios que lo curó. El hombre, agradecido, declaró: «Ahora sé que no hay otro Dios en todo el mundo que el de Israel».[354] El milagro tuvo el efecto deseado: autenticó al profeta de Dios.

En otro caso, Dios usó al profeta Elías para devolver la vida de un niño. Después, la madre dijo: «Ahora sé que eres un hombre de Dios y que la palabra del SEÑOR que sale de tu boca es la verdad».[355] El milagro confirmó la condición de Elías como profeta de Dios.

Los escritores bíblicos fueron claros al afirmar que los milagros no debían confundirse con la magia. La magia es el control humano sobre las fuerzas sobrenaturales mediante hechizos, conjuros, encantamientos y rituales.[356] La Biblia prohíbe la magia por considerarla detestable para Dios.[357] Los milagros bíblicos, a diferencia de la magia, no estaban bajo el control del profeta. Por ejemplo, cuando la mano del rey de Israel se atrofió, no le pidió al profeta que lo curara; le pidió al profeta que intercediera ante Dios. Cuando el profeta oró por su curación, Dios restauró la mano del rey.[358] El milagro vino de Dios, no del profeta, y autenticó la condición del profeta como mensajero de Dios.

La Biblia registra tres períodos de la historia de Israel en los que ocurrieron la mayoría de los milagros.[359] El primero fue cuando los judíos fueron liberados de la esclavitud en Egipto y se establecieron como nación. El segundo fue durante el tiempo de Elías y Eliseo, cuando Dios distinguió a sus profetas de los falsos profetas que estaban engañando al pueblo. El tercero fue durante la época de Daniel, cuando los judíos estaban exiliados en Babilonia. Cada periodo fue un punto de inflexión en la historia de Israel y los milagros autenticaron la participación de Dios.

Por ejemplo, cuando Dios ordenó a Moisés que sacara a los judíos de Egipto, Moisés adujo que nadie creería que actuaba en nombre de Dios. Dios repuso que usaría milagros para convencerlos y demostrar que se había aparecido a Moisés. Posteriormente, Moisés se presentó ante el faraón y le exigió que dejara ir al pueblo de Dios. El faraón se negó y cuestionó por qué debía obedecer al Dios de Israel.[360] En respuesta, Dios golpeó a Egipto con una serie de plagas sobrenaturales que hicieron tambalearse a la nación. Hasta los magos del faraón dijeron: «Este es el dedo de Dios».[361]

Otro ejemplo tuvo lugar seiscientos años después, cuando Israel cayó en la adoración de ídolos. El profeta Elías se presentó ante el pueblo y preguntó cuánto tiempo dudarían entre dos opiniones. Les ordenó que eligieran: si el SEÑOR es Dios, síganlo; pero si Baal es Dios, síganlo a él.

Después, Elías desafió a los profetas de Baal a que lo demostraran. Vinieron personas de todo Israel a ver a 450 profetas de Baal oponerse a un profeta de Dios en el monte Carmelo.

Los profetas de Baal construyeron un altar y rezaron para que Baal consumiera su sacrificio en fuego. Rezaron desde la mañana hasta el mediodía, gritando y bailando alrededor de su altar, pero no sucedió nada. Elías les dijo que gritaran más fuerte porque tal vez su dios estaba dormido, ocupado o viajando. En respuesta, gritaron más fuerte y se azotaron hasta que les brotó sangre. Aun así, no hubo respuesta de Baal.[362]

Cuando llegó su turno, Elías cavó una zanja alrededor de su altar e hizo que los espectadores empaparan todo con agua tres veces hasta llenar la zanja. Entonces Elías rezó una sencilla oración:

> «SEÑOR, Dios de Abraham, de Isaac y de Israel, que todos sepan hoy que tú eres Dios en Israel y que yo soy tu siervo y he hecho todo esto en obediencia a tu palabra. ¡Respóndeme, SEÑOR, respóndeme, para que esta gente reconozca que tú, SEÑOR, eres Dios y estás haciendo que su corazón se vuelva a ti!».
>
> En ese momento, cayó el fuego del SEÑOR y quemó el holocausto, la leña, las piedras y el suelo, y hasta lamió el agua de la zanja. Cuando vieron esto, todos se postraron y exclamaron: «¡El SEÑOR es Dios! ¡El SEÑOR es Dios!».
> (1 Reyes 18:36–39)

En resumen, las huellas de Dios se encuentran en todas las escrituras hebreas: usó milagros para validar a sus profetas y sus mensajes.

Exigencia de pruebas

Quienes afirman tener conocimientos especiales sobre asuntos espirituales tienen la carga de verificar la autenticidad de sus afirmaciones. Uno de los rasgos distintivos de Dios es su capacidad para realizar milagros. Validan la afirmación de la persona de hablar en nombre de Dios. Cuando examinamos las principales religiones del mundo, descubrimos que ningún milagro acompañó las enseñanzas del hinduismo, el budismo, el taoísmo o el movimiento *New Age*. Sin el sello de aprobación de Dios, no podemos confiar en sus afirmaciones espirituales.

Aunque Mahoma dijo que era el profeta de Dios, no pudo validar su condición de profeta. Cuando los escépticos exigieron pruebas, dijo a los que le escuchaban que confiaran en él. No era convincente aceptar la palabra de Mahoma porque se cuestionaba su credibilidad. Los escépticos necesitaban pruebas de que Mahoma no estaba inventando sus revelaciones. Incapaz de aportar pruebas, Mahoma utilizó la espada para obligar a la gente a convertirse al islam.

Sin el respaldo de Dios, aceptar la exigencia de Mahoma por la que los musulmanes debían matar a los infieles no es diferente de cumplir la exigencia de Jim Jones de que sus adeptos se suicidaran o la de los seguidores de Heaven's Gate, que debían suicidarse para encontrarse con la nave espacial.

A diferencia de otras religiones, la Biblia del judaísmo registra eventos sobrenaturales que validan a los profetas de Dios y su mensaje. «Esto es para que crean que yo el SEÑOR... me he aparecido a ti». (Éxodo 4:5) Significa que los mensajes contenidos en la Biblia son dignos de confianza.

Capítulo 8
LA VOZ INCONFUNDIBLE DE DIOS

Se puede establecer la identidad de una persona o
cosa mediante el uso de rasgos distintivos.

—Reglas Federales de Evidencia[363]

Para fortalecer la autenticidad en disputa de una persona o cosa, los
abogados suelen introducir pruebas adicionales que refuerzan sus pruebas
primarias. En el último capítulo vimos cómo Dios autenticó a sus siervos
con milagros. Dios tiene otro rasgo distintivo: el conocimiento de los
acontecimientos futuros. Dios puede validar a sus mensajeros con profecías.
Para entender la profecía, debemos examinar la naturaleza del tiempo.

El filósofo Agustín de Hipona (354–430 d. C.) escribió que, mientras nadie
le preguntara, sabía lo que era el tiempo. Pero si alguien preguntaba y
trataba de explicarlo, no podía.[364] Han pasado mil seiscientos años desde su
declaración y solo recientemente hemos aprendido que el tiempo es parte
de la estructura del universo y que comenzó a existir con el universo.[365]
Salir de nuestro universo es salir del tiempo.

El tiempo es pasivo. Simplemente mide el creciente desorden del universo.
Y siempre avanza hacia el futuro, nunca al revés. La dirección del tiempo
sigue la constante expansión del universo. A medida que aumenta el
desorden, el tiempo avanza. Este flujo de desorden creciente causa el
tiempo, y no al revés. Cuando el universo se quede sin combustible, se
convertirá en una expansión fría y oscura. Según Richard Morris, físico
teórico y autor de *Time's Arrows*, una vez que al tiempo no le quede nada
que medir, se detendrá.[366] Aunque es uno de los temas favoritos de la
ciencia ficción, el viaje en el tiempo es imposible.

El pasado es inaccesible. Dado que todo se está agotando, viajar al pasado
requiere reposicionar toda la materia del universo en sus anteriores
ubicaciones físicas y niveles de energía. La gigantesca infusión de energía
necesaria para lograrlo sería mayor que la cantidad total de energía existente
en el universo, lo que lo haría imposible. Además, no existe una plantilla
que seguir ni un mecanismo para reordenar cada átomo del universo a su
posición y nivel de energía anteriores.

Aunque fuera posible restaurar el universo a un estado anterior, eso supondría destruir el presente para recrear el pasado, con lo que se extinguiría toda la vida. Una vez perdida, la vida no se puede restaurar. Hace que cualquier reconstrucción del pasado sea un conjunto de átomos sin vida.

El futuro aún no ha llegado. El futuro es tan inaccesible como el pasado. No podemos ver los acontecimientos futuros porque aún no han ocurrido. Los acontecimientos no pueden ocurrir hasta que el universo alcance un nivel de desorden que coincida con una fecha futura. Si de alguna manera pudiéramos mirar hacia el futuro, no habría nada que ver, porque no existe todavía.

Según la teoría de la relatividad de Einstein, una persona puede, en efecto, viajar al futuro abordando una nave espacial y acelerando a una velocidad cercana a la de la luz. Al hacerlo, el tiempo dentro de la nave se ralentiza en relación con el flujo del tiempo en la Tierra. Cuando el astronauta regresa a la Tierra, aterriza en un planeta más antiguo.[367] Sin embargo, no puede regresar al pasado para anunciar lo que vio en el «futuro» porque el pasado ya no existe.

La capacidad de Dios para ver. La interacción de Dios con el tiempo ha sido fuente de mucho debate en la comunidad teológica.[368] Si el futuro aún no ha ocurrido, ¿cómo puede verlo Dios? La respuesta reside en la relación única de Dios con el universo. Como Dios existe fuera del espacio y el tiempo, no está atrapado en el fluir del tiempo. Estar fuera del tiempo le permite ver el principio desde el final y todos los puntos intermedios.

Para comprenderlo, podemos recurrir a dos analogías. La primera es un hombre que viaja por una carretera. Solo puede ver el barrio por el que pasa, pero Dios está por encima del camino y puede verlo todo a la vez. Dios puede ver desde dónde viajó el hombre, dónde se encuentra actualmente y hacia dónde se dirige. Otra analogía es una hoja de cálculo de computadora. Cada vez que se cambia una variable, el programa produce un resultado diferente. Del mismo modo, Dios conoce el resultado futuro de cada acontecimiento en la Tierra. Además de ver los resultados, Dios puede moldear el futuro alterando los acontecimientos actuales. También puede anunciar lo que va a hacer y después llevarlo a cabo, como hizo con la ciudad de Tiro, de la que hablaremos más adelante en este capítulo.

Este conocimiento del futuro es exclusivo de Dios. De ahí que la revelación de acontecimientos futuros sea otra forma de autenticación que Dios puede utilizar para validar a sus mensajeros.

Establecimiento de criterios

A lo largo de la historia, diversas personas han afirmado ser profetas. Sin embargo, no todos son profetas de Dios. Algunos reclaman esa condición inventando acontecimientos futuros o prediciendo, a veces con exactitud, lo que creen que ocurrirá. Los verdaderos profetas de Dios reciben su información de Dios y describen con certeza lo que sucederá. Los siguientes criterios distinguen a los profetas de Dios de los falsos profetas.

1. *Inesperada y específica.* La auténtica profecía debe ser inesperada y específica. Afirmar a grandes rasgos que se producirá un terremoto en California carece de valor profético: California es conocida por sus terremotos. Suceden casi a diario.[369] La verdadera profecía debe ser lo suficientemente específica e inesperada para permitir que las personas identifiquen el acontecimiento cuando este ocurre, por ejemplo, «un terremoto con una magnitud de 6,5 sacudirá los Everglades de Florida en la mañana del 2 de enero». Esto satisface el primer elemento de la profecía verdadera, porque es inesperada (Florida no es conocida por los terremotos) y suficientemente específica en cuanto a fecha, ubicación y magnitud para identificar el acontecimiento cuando ocurre.

2. *Sujeta a refutación.* La profecía auténtica debe ser verificable. Esto significa que el acontecimiento predicho debe estar expuesto al fracaso. Los acontecimientos predichos no pueden redactarse de forma que sean exactos independientemente del resultado. Por ejemplo, en la antigua Grecia, el oráculo de Delfos le dijo al rey de Lidia que destruiría un gran imperio si hacía la guerra a Persia. El rey acogió con satisfacción la profecía y atacó a los persas. Desgraciadamente, el reino que destruyó fue el suyo.[370] El oráculo redactó su profecía con astucia para que fuera cierta independientemente del resultado. Si el rey derrotaba a Persia, destruiría un gran imperio. Si perdía ante Persia, también destruiría un gran imperio: el suyo. Dado que la afirmación del oráculo no estaba sujeta a refutación, no podía calificarse de profecía.

3. *Más allá de la manipulación.* El cumplimiento de la verdadera profecía debe estar fuera del control del profeta o de sus seguidores. Profetizar que ambas torres del World Trade Center colapsarían el 11 de septiembre de 2001 no convierte a Osama bin Laden en un profeta, ya fue él quien ordenó a sus seguidores que estrellaran aviones comerciales contra las torres. Los auténticos profetas ven el futuro, no lo crean.

4. *100% de precisión.* Finalmente, el acontecimiento predicho debe ser exacto al 100%. La psíquica Jeane Dixon afirmó tener revelaciones de Dios y saltó a la fama en 1963 cuando predijo el asesinato del presidente Kennedy. Aunque su popularidad persistió durante muchos años, la precisión de Dixon fue pésima tanto antes como después del asesinato de Kennedy. Estas son algunas de sus profecías fallidas: (i) Rusia invadiría Irán en 1953 y Palestina en 1957 (no sucedió ninguno de estos hechos); (ii) la Tercera Guerra Mundial comenzaría en 1958 (no fue así); (iii) la guerra de Vietnam terminaría el 7 de mayo de 1966 (continuó hasta abril de 1975); (iv) Lyndon Johnson sería el candidato demócrata a la presidencia en 1968 (se retiró de las elecciones); y (v) la Unión Soviética enviaría el primer hombre a la Luna (Estados Unidos lo hizo en 1969 y la Unión Soviética colapsó veinte años después sin llevar a nadie a la Luna).[371] Sus repetidos fracasos dejan claro que Jeane Dixon era no una profeta de Dios.

En resumen, la verdadera profecía debe predecir acontecimientos inesperados, estar sujeta a refutación, estar más allá del poder de manipulación del profeta y ser 100% precisa. Dado que las profecías auténticas solo pueden proceder de Dios, sirven para autenticar tanto al mensajero como al mensaje. Cuando se aplican a las religiones, estos criterios identifican cuáles hablan en nombre Dios.

Hinduismo, budismo y taoismo

La fuerza divina del hinduismo, la ley kármica del budismo y la vacuidad del Tao son todos fuerzas o principios o impersonales. Ninguno es una entidad consciente. Esto significa que no pueden ver los acontecimientos futuros ni transmitir la información a nadie. De acuerdo con sus enseñanzas, los escritos religiosos de estas tres religiones no ofrecen profecías como prueba de su autenticidad.

Movimiento *New Age*

Acuarianos. El brazo acuariano del movimiento *New Age* adoptó a Edgar Cayce, que vivió entre 1877 y 1945, como un profeta que podía ver el futuro.[372] Sin embargo, esta afirmación no es compatible con el panteísmo de la *New Age*. Al igual que en el hinduismo, el dios del movimiento *New Age* es el universo mismo. Dado que el universo no es más que una colección de átomos en lenta descomposición, no puede ver eventos futuros ni comunicarse con los acuarianos. Al igual que sucedía con Jeane Dixon, las predicciones de Edgar Cayce se equivocaban con frecuencia.

Por ejemplo, Cayce profetizó que ocurrirían ciertos acontecimientos entre 1958 y 1998. Sus afirmaciones incluían un cambio en los polos magnéticos de la Tierra, la aparición del continente perdido de la Atlántida y el descubrimiento de los registros históricos de la Atlántida cerca de las grandes pirámides de Egipto.[373] Sus predicciones cumplían la mayoría de los criterios de la verdadera profecía en el sentido de que eran inesperadas, específicas, sujetas a refutación y más allá de la capacidad de Cayce o de sus seguidores para hacerlas realidad. Sin embargo, fallaron en un aspecto crucial: nunca ocurrieron.[374] En consecuencia, Edgar Cayce no reúne los requisitos para ser profeta de Dios.

Wiccanos. Algunos wiccanos afirman ver el futuro a través de bolas de cristal, cartas del tarot, astrología y tableros de Ouija. Sin embargo, ver el futuro es incompatible con su visión panteísta del universo. Como el universo es una colección de átomos sin vida atrapados en el tiempo, no puede ver el futuro ni comunicarse con los wiccanos. En conclusión, los wiccanos no ofrecen profecías como prueba de que sus afirmaciones espirituales sean válidas.

Raëlianos. Dado que los grupos OVNI de la *New Age* adoptan el punto de vista taoísta de que no existen ni Dios ni el más allá, su única fuente de información procede de extraterrestres que están atrapados en el flujo del tiempo igual que los humanos. Los raëlianos reconocen que es imposible predecir el futuro porque es imposible viajar en el tiempo.[375] En consecuencia, la profecía raeliana no es posible y no se ofrece como prueba de que sus afirmaciones sean dignas de confianza.

Profecías coránicas

Mahoma afirmó haber recibido muchas revelaciones, pero la mayoría no pueden calificarse de profecías. Más bien, la mayoría entran en la categoría de doctrina religiosa. Por ejemplo, un ángel le dijo a Mahoma que los musulmanes podían tener hasta cuatro esposas a la vez[376] y utilizar esclavas para tener relaciones sexuales.[377] A pesar de la limitación de cuatro esposas, el ángel de Alá le dijo a Mahoma que podía tener once esposas.[378] Además, Mahoma podía casarse con la esposa de su hijo adoptivo, y eso hizo. Otras revelaciones permitieron a Mahoma casarse con la niña de siete años que deseaba. Cuando cumplió nueve, la convirtió en una de sus esposas.[379] Estas revelaciones no pueden calificarse de profecías porque no predicen acontecimientos futuros. Como tales, no pueden autenticar la afirmación de Mahoma de ser el profeta de Alá.

Reconociendo la necesidad de afirmar la condición de Mahoma, algunas de sus revelaciones se han calificado de proféticas. Q. I. Hingora, en su libro *The Prophecies of the Holy Qur'an*, presentó lo que, según él, eran profecías pronunciadas por Mahoma, como (i) los perseguidores de los musulmanes irán al infierno, (ii) los musulmanes pueden hacerse amigos de los cristianos pero no de los judíos, (iii) aquellos que ignoran el Corán serán castigados, (iv) la brujería está maldita y (v) la usura está condenada.[380] Se trata de declaraciones de fe, no de profecías, y no respaldan la afirmación de Mahoma de ser el profeta de Alá.

Otras pruebas ofrecidas por Hingora incluyen algunas que ya fracasaron en la prueba de la profecía verdadera. Por ejemplo, Mahoma dijo que aquellos que pierden la vista y el oído no pueden recuperarlos excepto a través de Dios.[381] Según Hingora, la gran cantidad de personas sordas y ciegas que hay en el mundo sirven como prueba de que los médicos no pueden curarlos, confirmando así la profecía de Mahoma. Sin embargo, con la medicina moderna, la «profecía» de Mahoma falla regularmente cuando los médicos restauran la vista y el oído utilizando técnicas quirúrgicas no previstas en la época en la que Mahoma hizo esta declaración.

Mahoma también profetizó que las naciones que no creen en el islam no disfrutarían de paz y prosperidad, mientras que los países musulmanes sí.[382] Una simple revisión de la historia muestra lo contrario. Muchos países no musulmanes han experimentado y continúan experimentando largos periodos de paz y prosperidad, mientras que numerosos países musulmanes han sufrido guerras y privaciones.

Otro ejemplo de profecía fallida es la afirmación de Mahoma de que Dios protegerá a las naciones pequeñas de las incursiones de las más grandes.[383] La historia demuestra lo contrario. Durante la Guerra del Golfo de 1991, el pequeño país de Kuwait fue invadido por su vecino más grande, Irak, que a su vez fue atacado por una coalición de treinta y cinco naciones de todo el mundo, lo que obligó a las tropas iraquíes a salir de Kuwait.[384] Lo mismo ocurrió con Afganistán. Después del ataque terrorista al World Trade Center en 2001, una coalición de naciones más grande invadió Afganistán y expulsó del poder a los fundamentalistas islámicos gobernantes.[385] A esto le siguió la guerra de Irak de 2003, cuando otra coalición de naciones derrocó al dictador de Irak, Saddam Hussein.

Aunque Mahoma afirmó ser el mensajero de Dios, sus profecías fallidas demuestran lo contrario.

Profecías bíblicas

A diferencia de otras religiones, las escrituras hebreas son conocidas por sus profecías. El Dios de la Biblia es bastante claro en cuanto a que el hombre no puede ver el futuro; solo Dios tiene ese poder.

«…y que nadie sabe con qué habrá de encontrarse después».

(Eclesiastés 7:14)

«…que ninguno conoce el futuro ni hay quien se lo pueda decir». (Eclesiastés 8:7)

«Vi además que nadie sabe cuándo le llegará su hora». (Eclesiastés 9:12)

«Nadie sabe lo que ha de suceder y lo que acontecerá después, ¿quién podría decirlo?» (Eclesiastés 10:14)

Dieciocho de los treinta y nueve libros del Antiguo Testamento de la Biblia llevan los nombres de profetas, y más del 28% de sus escritos describen acontecimientos futuros.[386] Al igual que con los milagros, el propósito de la profecía bíblica es identificar al SEÑOR como el único Dios verdadero y autenticar sus profetas:

> «Expongan su caso», dice el SEÑOR. «Presenten sus pruebas… Preséntense y anuncien lo que ha de suceder…
>
> ¡Cuéntennos lo que está por venir! Digan qué nos depara el futuro; así sabremos que ustedes son dioses».
> (Isaías 41:21–23)
>
> «Yo soy el Señor; ¡ese es mi nombre! No entrego a otros mi gloria ni mi alabanza a los ídolos. Las cosas pasadas se han cumplido y ahora anuncio cosas nuevas; las anuncio antes que sucedan». (Isaías 42:8–9)
>
> «Yo soy Dios y no hay nadie igual a mí. Yo anuncio el fin desde el principio; desde los tiempos antiguos, lo que está por venir». (Isaías 46:9–10)

Otra diferencia significativa entre los profetas de Dios y todos los demás es el método mediante el cual adquieren conocimiento del futuro. Los oráculos, los astrólogos y los adivinos utilizan sus propias habilidades para estudiar las estrellas, mirar las entrañas de los animales muertos, hacer encantamientos, leer las cartas del tarot y mirar bolas de cristal para predecir acontecimientos futuros. Los profetas de Dios no hicieron nada de esto. Tenían prohibido el uso de magia, adivinación o hechicería. No se les permitía interpretar presagios, practicar la brujería, lanzar hechizos ni consultar a los muertos. Dios declaró que estas prácticas eran detestables.[387]

Cuando el rey de Babilonia le pidió a Daniel, profeta de Dios, que interpretara su sueño, Daniel respondió que ningún encantador, mago o adivino podía explicar el sueño del rey. Sin embargo, había un Dios en el cielo que revelaba misterios. Entonces Dios le mostró a Daniel el significado del sueño, y este se lo transmitió al rey.[388] Daniel le explicó:

> «Por lo que a mí toca, este misterio me ha sido revelado, no porque yo sea más sabio que el resto de la humanidad, sino para que Su Majestad llegue a conocer su interpretación y entienda lo que pasaba por su mente». (Daniel 2:30)

Y el rey dijo: «¡Tu Dios es el Dios de dioses y el Soberano de los reyes! ¡Tu Dios revela todos los misterios, pues fuiste capaz de revelarme este sueño misterioso!». (Daniel 2:47)

Los profetas de Dios no tenían ningún talento o habilidad especial que hubieran desarrollado mediante el estudio y la práctica. En realidad, su única cualificación era la llamada de Dios para transmitir sus mensajes. El profeta Amós le dijo al rey Amasías que él no era profeta ni hijo de profeta, sino un pastor que también cuidaba las higueras. Dijo que el SEÑOR lo apartó del cuidado de los rebaños y le ordenó profetizar a su pueblo. El profeta Amós declaró que una vez que el SEÑOR había hablado, no tenía más remedio que comunicar su mensaje. El profeta Jeremías se lamentó de que la palabra de Dios era un fuego ardiente en su corazón y no podía retenerla.[389]

Con frecuencia, los profetas se mostraban reacios a transmitir los mensajes de Dios porque les ordenaba que reprendieran al pueblo de Israel por adorar dioses falsos y que reprocharan a los reyes su desobediencia. Esto provocó la persecución, el encarcelamiento y la muerte de muchos de ellos. En consecuencia, los profetas de Dios dudaban en pronunciarse.

Moisés suplicó a Dios que enviara a otro para reprender al faraón de Egipto. Jonás huyó de Dios porque no quería llevar su mensaje. Ezequiel estaba aterrorizado. Jeremías fue objeto de burla, ridiculización, insulto y encarcelamiento. Cuando los consejeros del rey ordenaron a Micaías que hablara favorablemente al rey, el profeta respondió que solo podía decirle al rey lo que Dios dijera.[390] El hecho de que los profetas hablaran a pesar de esa persecución da credibilidad a su afirmación de que no tuvieron más remedio que transmitir el mensaje de Dios. A diferencia de los oráculos y videntes que se ganaban la vida prediciendo el futuro, el dinero no afectaba a los profetas de Dios. El rey de Moab ofreció una gran recompensa al profeta de Dios para que maldijera a Israel. El profeta respondió que, aunque el rey le diera su palacio lleno de oro y plata, no podría hacer nada, ni grande ni pequeño, para ir más allá del mandato de Dios. Añadió que solo podía decir lo que Dios ponía en su boca.[391] Cuando el profeta Eliseo curó a un hombre de lepra, el hombre le ofreció un regalo. Eliseo lo rechazó y respondió: «¡Tan cierto como que vive el SEÑOR, a quien yo sirvo, no voy a aceptar nada!». (2 Reyes 5:16)

Siguiendo con la prueba de la profecía verdadera, los profetas de Dios tenían que ser completamente precisos. Si no lo eran, eran condenados a muerte como falsos profetas.[392] Un ejemplo del alcance y exactitud de las profecías bíblicas son las pronunciadas por Ezequiel e Isaías contra la ciudad de Tiro.

La ciudad de Tiro[393]

En 2750 a. C., se fundó la ciudad de Tiro en una isla del Mediterráneo a media milla de la costa del actual Líbano. Con el tiempo, los ciudadanos de Tiro construyeron dos magníficos puertos y barcos para transportar mercancías entre diferentes naciones. La ciudad importaba y exportaba plata, hierro, estaño, plomo, caballos, mulas, esmeraldas, tinte púrpura, lino fino, trigo, aceitunas, higos, miel, ganado, especias, piedras preciosas y oro. Así, Tiro se convirtió en el mercado de las naciones y el hogar de los mayores comerciantes marítimos del mundo antiguo.

Tiro era famosa por su esplendor y sus ciudadanos se jactaban de que había sido fundada por los dioses. Su poder y prestigio le permitieron establecer colonias en España y el norte de África, entre ellas la histórica Cartago, cuyo general después aterrorizaría a Roma al cruzar los Alpes con elefantes de guerra. Hacia 1200 a. C., Tiro era conocida como la *reina de los mares*, de belleza perfecta.

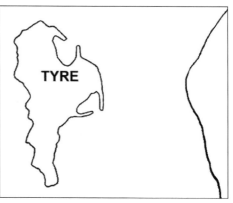

Figura 1. La ciudad insular de Tiro estaba situada a media milla de tierra firme.[394]

A medida que la ciudad crecía en riqueza y fama, construyó enormes murallas alrededor de la Vieja Tiro, un asentamiento en el continente casi frente a la isla. Además, construyó muros alrededor de la isla con enormes bloques de piedra unidos con mortero que se elevaban a una altura de 150 pies. Se construyeron a la orilla del mar para eliminar cualquier punto de apoyo que pudieran aprovechar las tropas enemigas. De este modo, la isla era impenetrable. Para disuadir aún más a los enemigos, una flota de barcos que transportaban soldados protegían sus puertos. Además de ser la reina de los mares, Tiro era conocida como la *fortaleza del mar*.

Tiro brillaba con tanta riqueza que su rey declaró que era un dios que se sentaba en el trono de un dios en el corazón de los mares.[395] La arrogancia de los reyes de Tiro y su exportación de dioses falsos a Israel se convirtió en una afrenta a Dios. La deidad principal de Tiro era un dios de la fertilidad llamado Baal, cuyas prácticas religiosas incluían la prostitución. La nación de Israel fue atraída a la adoración de Baal a través de Jezabel, la hija del rey de Tiro. Jezabel se convirtió en reina de Israel casándose con el rey Acab. Llevó los dioses de Tiro a Israel y los promovió agresivamente, nombrando 450 sacerdotes de Baal y otros 400 para una diosa llamada Asera.[396]

La primera profecía de Ezequiel. Por la arrogancia e idolatría de Tiro, el profeta Ezequiel transmitió los juicios de Dios contra la ciudad. El primero se refería a la antigua Tiro, para la cual Dios declaró que Nabucodonosor, rey de Babilonia, devastaría sus asentamientos con la espada.[397]

Al año siguiente, en el año 586 a. C., el rey Nabucodonosor atacó la Vieja Tiro. Gracias a las enormes defensas de la ciudad, tardó trece años en traspasar sus muros. Una vez dentro, saqueó la ciudad y la dejó en ruinas. Al carecer de armada, Nabucodonosor no pudo someter la isla y retiró su ejército.

La segunda profecía de Ezequiel. El segundo decreto de Ezequiel se desplazó del rey Nabucodonosor a un *ellos* no especificado. Ezequiel declaró: «Derribarán tus muros, demolerán tus suntuosos palacios y arrojarán al mar tus piedras, vigas y escombros». (Ezequiel 26:12)

Era poco probable que esta profecía inusual ocurriera, porque las ciudades conquistadas eran preservadas para uso de la nación victoriosa o quemadas hasta los cimientos. Los ejércitos no perdían el tiempo limpiando escombros y arrojándolos al mar. Un general de 24 años conocido como Alejandro Magno cumplió la profecía de Ezequiel.

En el año 336 a. C., Alejandro llegó al poder tras el asesinato de su padre, Filipo de Macedonia. Cuando el rey de Persia se jactó de haber instigado el asesinato, Alejandro juró vengar la muerte de su padre y dirigió un ejército contra los persas cerca de la antigua ciudad de Troya. Ganó una batalla decisiva y los persas huyeron. Mientras perseguía al ejército en retirada, Alejandro tuvo que proteger sus líneas de suministro para que la armada persa no las cortara. Sin barcos propios, la única forma de neutralizar la armada enemiga era tomar el control de todos los puertos a lo largo de la costa mediterránea.

El ejército de Alejandro avanzó hacia el sur y capturó treinta ciudades antes de llegar a Tiro, cuyo rey había embarcado con la armada persa. Los ciudadanos evacuaron la Vieja Tiro y enviaron representantes que ofrecían lealtad nominal al joven general. Alejandro necesitaba el control de los puertos de Tiro para impedir que la armada persa atacara su retaguardia mientras marchaba hacia Egipto. Buscando cómo acceder a la isla, Alejandro pidió permiso para ofrecer sacrificios en el famoso Templo de Hércules de Tiro, el más antiguo del mundo. Los habitantes sabían que Alejandro se haría con el control de su ciudad si le daban acceso, por lo que se negaron y le dijeron que ofreciera sus sacrificios en el templo de la Vieja Tiro.

Sin armada y con media milla de agua entre la isla y él, el ejército de Alejandro no pudo atacar la ciudad. Aun así, se negó a dejar atrás dos puertos de importancia mundial que la armada persa podría utilizar en su contra. Alejandro se reunió con sus generales y ordenó lo que parecía una hazaña imposible: construir un camino a través del mar hasta la isla.

Con el trabajo forzado de los pueblos de los alrededores, se comenzó a trabajar en una carretera de 200 pies de ancho a través del agua. Cortaron árboles para usarlos como pilotes y los clavaron en el fondo del mar. Para llenar el espacio entre los pilotes, los trabajadores comenzaron a desmantelar la Vieja Tiro. Así comenzó el cumplimiento de la profecía de Ezequiel de que «ellos» derribarían los muros de Tiro, demolerían sus casas y arrojarían piedras, madera y escombros al mar.

Al principio, el pueblo de Tiro se burló de las tropas de Alejandro. A medida que el camino crecía, empezaron a alarmarse. La ciudad llamó a su armada y comenzó a atacar a los trabajadores de Alejandro con flechas y catapultas. Además, los buzos socavaron los cimientos submarinos de la carretera. Los ingenieros de Alejandro respondieron construyendo pantallas de cuero para desviar los misiles que les arrojaban y torres de asedio para que las tropas pudieran responder con sus propias catapultas y flechas.

El miedo a la carretera que avanzaba provocó un atrevido ataque. Los ciudadanos de Tiro llenaron un barco con materiales inflamables y colgaron de sus penoles calderos llenos de azufre, nafta y aceite. Le prendieron fuego y navegaron directamente hacia la carretera. Para maximizar el daño, los tirios agregaron peso a la popa del barco para que la proa se elevara del agua y se estrellara sobre la carretera.

Cuando el velocísimo navío se acercó a la carretera de Alejandro, los marineros saltaron por la borda y el infierno en llamas se estrelló contra la carretera, derramando fuego en todas las direcciones.

Para evitar que las tropas de Alejandro lucharan contra el infierno, los marineros de otros barcos dispararon ráfagas de flechas contra sus soldados. Al mismo tiempo, varios grupos de desembarco asaltaron las torres de asedio de Alejandro y socavaron los pilotes de la carretera. Una vez descalzados los pilotes, las rápidas corrientes arrancaron la calzada y la destruyeron, llevándose consigo las torres de asedio. En el espacio de una hora, el trabajo de miles de personas desapareció en el mar.

El desastre desmoralizó a las tropas de Alejandro. Su consejo de guerra estaba dividido sobre el asunto y algunos le instaron a abandonar el asedio. Alejandro se negó. Ordenó la construcción de un puente terrestre más ancho que albergaría más tropas y equipo que el primero. La construcción comenzó de inmediato. El nuevo proyecto requirió grandes cantidades de material para crear la calzada. Para abastecerla, los obreros despojaron por completo los restos de la Vieja Tiro. Incluso se raspó la tierra del suelo y se arrojó en la nueva carretera, destruyendo todo rastro de la Vieja Tiro.

Preocupados por el proyecto renovado, los tirios trasladaron a sus ancianos, mujeres y niños a Cartago. Al mismo tiempo, siguieron esforzándose por entorpecer el trabajo haciendo llover flechas sobre las tropas de Alejandro y socavando la creciente calzada. El constante acoso convenció a Alejandro de que necesitaba una armada para defenderse de los barcos de Tiro. Mientras continuaban los trabajos en la carretera, Alejandro viajó 22 millas hacia el norte, a la ciudad portuaria de Sidón, donde reclutó barcos de todo el Mediterráneo. Una vez reunida la flota, regresó a Tiro al frente de 223 naves. El tamaño de la flota de Alejandro sorprendió a los ciudadanos de la isla. Ante una armada tan grande, los 80 barcos de Tiro se retiraron a sus dos puertos y bloquearon las entradas.

Ya libres del constante acoso naval, los equipos de construcción aceleraron las obras. A medida que el camino se acercaba a la isla, una tormenta de flechas y rocas cayó de los muros de Tiro. Para defender a los trabajadores, Alejandro ordenó la construcción de dos nuevas torres de asedio, las más altas que el mundo jamás había visto. Las torres rodantes de 150 pies igualaban en altura a los enormes muros de la isla y se movían a lo largo de la carretera cada vez más larga.

Las pieles de cuero rociadas con agua protegían a los trabajadores de las flechas en llamas y las tropas de Alejandro respondían con catapultas lanzaflechas.

Esperando desmoralizar a los atacantes, los tirios capturaron a algunos de los soldados de Alejandro, los ejecutaron y arrojaron sus cuerpos desde las murallas de la ciudad. Esto solo consiguió enfurecer a las tropas de Alejandro y las hizo más resueltas. Cuando la carretera estaba casi terminada, los intercambios se hicieron más intensos.

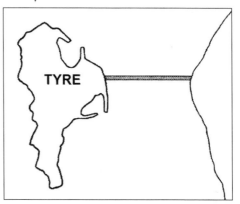

Figura 2. Puente terrestre de Alejandro a la ciudad insular de Tiro.

Una vez salvados los últimos metros de aguas abiertas, la carretera unió la isla al continente, preparando el escenario para el tercer decreto de Ezequiel.

La tercera profecía de Ezequiel. Ezequiel declaró: «Ahora, en el día de tu caída, tiemblan los pueblos costeros y las islas que están en el mar se aterrorizan ante tu debacle». (Ezequiel 26:18)

Mientras las torres de asedio tomaban posición, se prepararon los arietes. Temiendo que los dioses de Tiro huyeran de la ciudad, los tirios envolvieron una cadena de oro alrededor de la estatua de Apolo y la fijaron al altar. Mientras las tropas de Alejandro se preparaban, cayeron puentes desde las torres de asalto hasta lo alto de las murallas de la ciudad. Cuando los soldados cruzaron los puentes, estallaron violentos combates. Los defensores de Tiro lucharon ferozmente y rechazaron a los atacantes.

Abajo, mientras tanto, los arietes golpeaban las murallas de la ciudad. Para frustración de los ingenieros de Alejandro, los poderosos arietes no tuvieron efecto alguno contra los enormes muros. Para añadir sufrimiento a la frustración, desde las murallas los defensores de la ciudad arrojaron arena calentada al fuego sobre las tropas de Alejandro. La arena ardiente se filtró por las armaduras de los soldados y les causó un dolor tan intenso que se las quitaron, exponiéndose a flechas y dardos lanzados desde arriba.

Al comprender que no se podían traspasar los muros que daban a tierra, Alejandro decidió explorar el otro lado de la isla en busca de puntos débiles. Como los muros llegaban hasta el borde del agua, su ejército no podía acceder a ellos. Lo mismo le ocurría a la flota de Alejandro. Los barcos no podían acercarse porque los defensores de Tiro habían colocado rocas en las aguas para mantener alejados a los barcos.

Sin inmutarse, Alejandro ordenó que unas grúas montadas en los barcos eliminaran los obstáculos para poder anclar junto a los muros. Una vez en posición, los barcos se amarraron entre sí para crear plataformas flotantes para los arietes. Cuando estuvieron listos, los arietes golpearon los muros en sus puntos más débiles. En el momento que uno de los muros comenzó a desmoronarse, Alejandro llenó otros barcos con tropas de élite y los situó cerca de ese punto.

Una vez que sus arietes lograron atravesar la muralla, Alejandro lanzó una ofensiva total contra la ciudad. Mientras las catapultas lanzaban misiles en llamas sobre la ciudad, la armada de Alejandro penetró en los puertos de Tiro y comenzó a diezmar su flota. Al mismo tiempo, las tropas de élite y la infantería pesada atravesaron el muro, con Alejandro liderando el ataque. Se produjeron intensos combates cuerpo a cuerpo en las calles mientras los defensores se retiraban al centro de la ciudad. Tiro fue invadida por el ejército de Alejandro, que la saqueó e incendió. En total, cayeron 8.000 defensores, mientras que Alejandro solo perdió unos 400 soldados.

La captura de Tiro provocó gran conmoción en toda la región, cumpliendo la profecía de Ezequiel de que las costas temblarían el día de la caída de Tiro. Isaías había pronunciado una profecía similar, declarando:

> «Cuando la noticia llegue a Egipto, lo que se diga de Tiro
> los angustiará... ¿Es esta su ciudad alegre, la ciudad tan
> antigua, cuyos pies la han llevado a establecerse en tierras

lejanas? ¿Quién planeó esto contra Tiro...? Lo planeó el SEÑOR de los Ejércitos para abatir la altivez de toda gloria y humillar a toda la gente importante de la tierra». (Isaías 23:5–9)

Alejandro vació la ciudad, ejecutando a 2.000 residentes y vendiendo a 30.000 como esclavos, cumpliendo así el vaticinio de Isaías de que los habitantes de Tiro serían llevados a tierras lejanas.

La cuarta profecía de Ezequiel. Ezequiel profetizó que Dios dijo: «así como el mar levanta sus olas, voy a hacer que contra ti se levanten muchas naciones». (Ezequiel 26:3)

Alejandro conquistó gran parte del mundo conocido. Tras su muerte a los treinta y dos años a causa de una enfermedad desconocida, los generales de Alejandro se dividieron su imperio y luego batallaron entre sí, al igual que sus sucesores. Como olas batiendo contra la costa, Tiro fue atacada repetidamente por ejércitos invasores con fácil acceso a la ciudad. Acercarse a la isla se hizo más fácil con cada década que pasaba, a medida que la sedimentación del mar ensanchaba el puente terrestre.

En la última parte del siglo III a. C., la ciudad sufrió una serie de batallas. En el siglo II a. C., Tiro fue capturada por los sirios. En el siglo I a. C., cayó en manos de los armenios y posteriormente de los seléucidas. En el año 64 a. C., Tiro pasó a formar parte del Imperio Romano y experimentó doscientos años de calma, hasta que estalló una rivalidad por el trono en Roma en el año 193 d. C. Uno de los ejércitos saqueó e incendió Tiro, y pasó por la espada a sus habitantes.

La ciudad fue reconstruida, pero sufrió luchas internas por la persecución de su creciente población cristiana. Tras el nacimiento del islam en el siglo VII, los ejércitos musulmanes capturaron ciudad tras ciudad a una velocidad asombrosa. Una de ellas fue Tiro. Los romanos reconquistaron inmediatamente la ciudad, lo que llevó a las fuerzas islámicas a atacar Tiro para recuperar el control. La ciudad experimentó un breve periodo de paz, hasta que cayó en manos de los egipcios en el siglo XI. En 1097, Tiro se sublevó y las tropas egipcias sofocaron la rebelión. Después vinieron las cruzadas.

Las cruzadas fueron una serie de expediciones militares emprendidas por los europeos durante los siglos XI, XII y XIII para recuperar tierras tomadas por los ejércitos invasores del islam. Tiro se convirtió en un campo de batalla estratégico entre los cruzados y las fuerzas islámicas. Renombrada *Sur* por los musulmanes, la ciudad sobrevivió al asedio de los cruzados en 1122. Dos años más tarde, la ciudad volvió a ser atacada. Los habitantes, que sufrían inanición, se rindieron y fueron deportados.

Como algunas partes de la isla se estaban hundiendo en el mar, los esfuerzos de reconstrucción se trasladaron al puente terrestre de Alejandro, cada vez más ancho. La ciudad construida en esa franja de terreno recibió el nombre de *Nueva Sur*. Un viajero de 1150 escribió que Tiro estaba bajo el agua y que, desde las murallas de Nueva Sur, podía ver las torres, mercados y calles de Tiro en el fondo del mar.

En 1156, los egipcios quemaron Nueva Sur. En 1157, la ciudad sufrió un terremoto. En 1188, los ejércitos del islam volvieron a asaltar la ciudad. En 1201, un enorme terremoto sacudió Nueva Sur. Dos años después, otro terremoto destrozó las murallas de la ciudad. La ciudad fue reconstruida sobre los escombros acumulados durante siglos, pero sufrió repetidos ataques durante los siguientes noventa años. En 1291, Nueva Sur cayó ante las fuerzas islámicas que masacraron a sus ciudadanos y arrasaron la ciudad. Así terminó la profecía de Ezequiel, que anunciaba que muchas naciones vendrían contra Tiro como olas batiendo contra la costa.

Profecías finales. Ezequiel emitió los edictos finales de Dios contra Tiro:

> «Te convertiré en una roca desnuda, en un tendedero de redes y no volverás a ser edificada. Yo, el Señor, lo he dicho. Yo, el SEÑOR y Dios, lo afirmo. (Ezequiel 26:14)

> «Te convertiré en lugar de ruinas, como toda ciudad deshabitada. Haré que te cubran las aguas caudalosas del océano». (Ezequiel 26:19)

> «Pero ahora el mar te ha hecho pedazos, ¡yaces en lo profundo de las aguas! Tus mercancías y toda tu tripulación se hundieron contigo». (Ezequiel 27:34)

Durante los siguientes 500 años, la ciudad permaneció deshabitada y en ruinas. En 1355, un viajero escribió que solo quedaban vestigios del puerto de la ciudad y de las antiguas murallas. En 1432, otro viajero observó que Tiro no era más que un montón de ruinas. Partes de la isla continuaron hundiéndose en el mar. En 1697, el capellán inglés Henry Maundrell viajó al lugar y descubrió que la isla había sido reducida a menos de un tercio de su tamaño original y estaba habitada por unos pocos pescadores que llevaban una existencia miserable en una aldea ruinosa, donde echaban sus redes de pesca.

A partir del siglo XVIII, la isla sirvió como cantera para otras ciudades, ya que se despojó a la isla de las piedras y los materiales de construcción, que fueron transportados hasta Beirut. En 1915 solo quedaba una piedra del gran malecón de Tiro, un sillar de cinco metros de largo y seis de ancho.

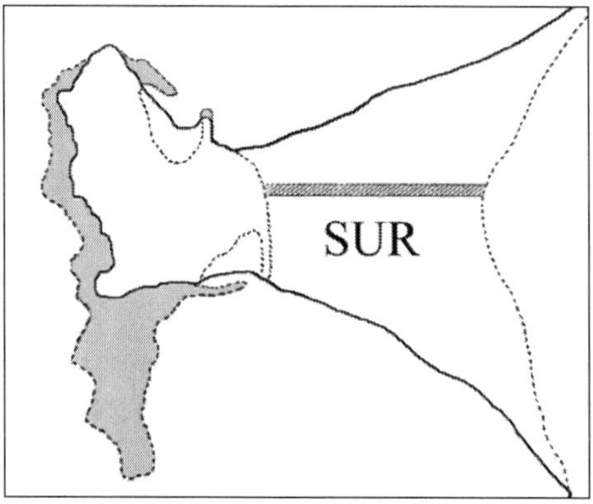

Figura 3. Soûr actual. La mayor parte de la antigua isla está bajo el agua, los puertos originales han desaparecido y la carretera de Alejandro es ahora un istmo de una milla de ancho en su base.

En 1934, el arqueólogo jesuita Antoine Poidebard descubrió que de la antigua Tiro no quedaba nada, ni siquiera los puertos.

Llegó a la conclusión de que cualquier resto de la antigua Tiro que pudiera haber existido había sido saqueado para construir las ciudades cercanas o se lo había tragado el mar.

La mayor parte de la isla se había hundido en el mar y el camino de Alejandro se había convertido en un istmo de una milla de ancho en su base. Esta franja de tierra alberga ahora una ciudad islámica llamada *Soûr*.

Lo poco que queda de la isla original vuelve a llamarse Tiro, con un sitio arqueológico, un cementerio, una antigua prisión, hoteles, restaurantes y una industria turística muy activa.

Los intentos de localizar los puertos originales han fracasado. Se conservan objetos de la época romana y medieval, pero ha sido imposible encontrar nada de la ciudad antigua. Si existen ruinas, nunca serán desenterradas, ya que las excavaciones se limitan a los estratos bizantino y romano.

El asentamiento continental de la Vieja Tiro, que fue devastada por el ejército de Alejandro, se encuentra un poco al sur de la antigua isla. El lugar ahora está protegido por un tratado internacional (la Convención de Ramsar) como reserva natural de humedales y lugar de anidación de aves migratorias y tortugas en peligro de extinción.[398] Al ser una reserva natural, allí no se puede construir nada. Las zonas periféricas que antaño integraban la Vieja Tiro ahora están ocupadas por pequeñas poblaciones y campos de refugiados.

No quedan restos arquitectónicos, obras de arte, objetos ni literatura de la antigua Tiro. Ha desaparecido todo rastro de la ciudad. La poderosa fortaleza del mar, cuna del comercio del mundo antiguo, nunca podrá ser reconstruida. Se ha ido para siempre.

Los profetas de Dios

El físico danés y premio nobel Neils Bohr comentó una vez que la predicción es muy difícil, especialmente sobre el futuro. El hinduismo, el budismo, el taoísmo y el movimiento *New Age* no pueden autenticar sus afirmaciones religiosas, ya que un dios ateo/panteísta no es más que el universo mismo, que está atrapado en el tiempo. Esto explica por qué estas religiones no han ofrecido profecías que validen sus enseñanzas. Sin validación, no se puede confiar en los textos religiosos de estas cuatro religiones.

Mahoma se declaró mensajero de Alá. Aunque ofreció profecías para validar su estatus, estas muestran lo contrario. En lugar de respaldar sus afirmaciones, las profecías de Mahoma fracasaron, convirtiéndolo en un falso profeta y sus revelaciones en poco dignas de confianza.

La Biblia es diferente. A lo largo de sus páginas contiene profecías y establece criterios exigentes para los profetas de Dios. Se les prohibió utilizar magia o adivinación para transmitir mensajes. Los siervos de Dios no se prepararon para convertirse en profetas ni se ofrecieron voluntarios para el puesto. Su único requisito era la llamada de Dios. Bajo su dirección, los profetas reprendieron a los reyes y amonestaron al pueblo de Israel. Esto condujo a la persecución, encarcelamiento y muerte de numerosos profetas.

Como se registra en las escrituras hebreas, los profetas de Dios predijeron con precisión acontecimientos futuros. Las profecías de Ezequiel e Isaías contra Tiro fueron inesperadas, específicas, sujetas a refutación, más allá de su poder de manipulación y 100% precisas. Como tales, solo podían provenir de Dios. Esta forma de autenticación respalda la afirmación de la Biblia, que dice que sus enseñanzas proceden de Dios.

Capítulo 9

EL CONOCIMIENTO DISTINTIVO DE DIOS

El contenido de un escrito puede revelar conocimientos lo suficientemente distintivos para apoyar la conclusión de que su autor es una persona concreta que poseía dichos conocimientos.
—Reglas Federales de Evidencia[399]

Siempre que la autoría de un documento no está clara, los investigadores buscan información en el escrito que pueda identificar quién es su autor. Por ejemplo, una carta anónima que amenaza con dañar al propietario de una empresa puede vincularse a un individuo en particular mediante peculiaridades en la ortografía, el uso de jerga, abreviaturas y puntuación exclusivas del autor.

Lo mismo ocurre con la información distintiva de un documento. Por ejemplo, un escrito puede hacer referencia a detalles sobre un incidente que nadie más que un individuo específico podría haber conocido. Dicha información sirve para identificar al autor del documento.

Esta misma técnica de investigación se puede aplicar a los escritos religiosos. En los textos sagrados de cada religión podemos buscar información que nos ayude a identificar al autor. Aunque las escrituras religiosas se centran en cuestiones espirituales, a veces tocan cuestiones científicas o médicas. Si la información es precisa y desafía las creencias predominantes de la época, apunta a la autoría divina. Si la información refleja opiniones coetáneas plagadas de errores, indica autoría humana.

La creación del universo

La creación del universo es un buen punto de partida para determinar la autoría. Como vimos en el capítulo 1, la comunidad científica estableció firmemente que el universo no es infinito ni eterno. En realidad, surgió de la nada y se está agotando lentamente.

Hinduismo. Las escrituras hindúes contienen relatos contradictorios de la creación. En una versión, un huevo de oro se partió en dos, una cáscara se convirtió en el cielo, la otra en la Tierra y la yema en el sol.[400] En otra, una diosa no identificada se acuclilló y dio a luz al mundo.[401] En una tercera versión, los dioses crearon el mundo desmembrando a un gigante.[402] Y en otro relato, las escrituras hindúes afirman que probablemente los dioses no sepan de dónde vino el universo porque existía antes que ellos.[403]

Ninguno de los relatos hindúes de la creación es compatible con lo que sabemos sobre el comienzo del universo. Ninguno afirma que Dios creara el universo de la nada.[404] Los relatos no son más que conjeturas influidas por una visión panteísta/politeísta del universo. Estas historias indican autoría humana, no revelación divina.

Budismo. El relato budista de la creación describe el universo como capas de círculos de viento coronados por una flor de loto sobre la que se sienta Buda. La flor de loto tiene mil pétalos, cada uno de los cuales contiene diez mil millones de mundos. Akira Sadakata, autor de *Buddhist Cosmology*, escribió que la descripción no tiene relación con lo que ahora se sabe sobre el universo y admitió que la cosmología budista está anticuada y sus enseñanzas son absurdas.[405] El relato de la creación confirma la declaración de Gautama de que sus enseñanzas eran el resultado de sus propias creencias y no de la inspiración divina.

Taoísmo. Fiel a la filosofía taoísta de que todo es un equilibrio de contradicciones, la narrativa de la creación del Tao Te Ching es una contradicción. Según las escrituras taoístas, el ser y el no ser se crean mutuamente, y todas las cosas nacen del Tao, pero el Tao no las crea.[406] Este relato en una sola línea de la creación no proporciona evidencia de inspiración divina.

Movimiento New Age. Un elemento acuariano del movimiento *New Age* afirma que una dinámica autoorganizativa impersonal dio origen al universo y a una multiplicidad de dioses. Para experimentar los aspectos físicos del universo, los dioses recién formados crearon cuerpos físicos para habitarlos y los llamaron «hombre».[407] Su belleza atrapó a los dioses en los cuerpos que habían creado. Los acuarianos creen que el karma está guiando a los dioses de regreso a la espiritualidad plena y a la reunión con el universo.[408] Otro elemento del movimiento adopta el enfoque hindú-budista de que el universo es una ilusión en la que cada alma crea su propia realidad.[409]

Los wiccanos no se ponen de acuerdo sobre qué originó el universo. Algunos creen que una diosa madre se creó a sí misma y después dio a luz al universo. Otro relato atribuye el universo a un dios y una diosa a través de sus relaciones sexuales.[410] Los raëlianos creen que el universo es infinito, sin principio ni fin para el espacio, el tiempo y la materia.[411] Los humanos son obra de científicos extraterrestres que establecieron un laboratorio llamado Edén. Utilizando su propio ADN, los extraterrestres crearon los primeros humanos a su propia imagen y semejanza. Según el líder de los raëlianos, el libro del Génesis de la Biblia es el diario de una nave que relata el proyecto de ADN de los extraterrestres. Realizaron sus experimentos en la Tierra porque temían las consecuencias de realizarlos en su planeta de origen.[412]

Los relatos de la creación de la *New Age* dejan claro que su información no procede de Dios. Atribuyen el mérito a otras fuentes, como individuos muertos hace mucho tiempo, espíritus de la naturaleza y extraterrestres.

Islam. El Corán no contiene una descripción unificada de la creación. En su lugar, hay fragmentos dispersos por todo el libro. Mahoma atribuye a Alá la creación del universo, pero aporta detalles contradictorios. Afirma que Alá creó el universo en seis períodos[413], pero en otro lugar declara que fue en ocho días.[414] Mahoma también fue contradictorio sobre la creación del hombre. Hace que el hombre sea producto del polvo,[415] tierra,[416] arcilla quemada,[417] una gota de fluido espeso,[418] la nada,[419] agua,[420] o un coágulo de sangre.[421] Las discrepancias internas indican autoría humana en lugar de inspiración divina.

Judaísmo. El relato bíblico de la creación es decididamente diferente. Fue escrito por Moisés, que se apartó radicalmente de las creencias de su época. Dado que Moisés se crio en una familia real egipcia, le enseñarían su sistema de creencias.[422] En consecuencia, deberíamos esperar que apareciera en la Biblia alguna versión de los relatos egipcios de la creación. En una historia, el dios egipcio Ra expulsó de sí mismo al dios Shu y escupió a la diosa Tefnut. El sol es el ojo del dios Nu, a quien sus hijos rescataron del abismo acuático. Los humanos surgieron de las lágrimas de Khepera.

En otra versión, una deidad eterna atrapada en el abismo de agua creó la Tierra para tener un lugar donde estar, y creó el sol y la luna a partir de sus propios ojos para dispersar la oscuridad. En una tercera versión, el sol, la luna y las estrellas son las formas externas de poderosos espíritus que envuelven a una diosa inclinada sobre la Tierra, sosteniendo el cielo sobre su espalda. La diosa da a luz al sol, que pasa diariamente por su cuerpo.[423]

En lugar de repetir estas historias, Moisés presentó una versión fundamentalmente diferente de cómo se creó el universo. Moisés no describió un abismo acuoso preexistente, dioses mojándose los pies, arrancándose los ojos o dando a luz al sol. Tampoco describió el universo como eterno, con espíritus poderosos como estrellas y planetas. En lugar de eso, Moisés escribió que Dios habló y el universo existió.

> En el principio Dios creó los cielos y la tierra... Y dijo
> Dios: «¡Que haya luz!». Y la luz llegó a existir.
> (Génesis 1:1–3)

El astrofísico y fundador del Instituto Goddard de Estudios Espaciales de la NASA Robert Jastrow escribió que la evidencia astronómica conduce a una visión bíblica del origen del mundo, que comenzó repentinamente con un destello de luz y energía.[424] El físico Gerald Schroeder también destacó la precisión del relato del Génesis en su libro *The Science of God*. Escribió que ya en tiempos de Aristóteles, hace 2.300 años, la ciencia creía que el universo era eterno. No fue hasta que Einstein cambió nuestra visión del universo cuando los científicos comprendieron que la Biblia había tenido razón siempre: el universo tuvo un comienzo.[425] Surgió de la nada con un destello de luz.

Muerte del universo

Además de un relato científicamente preciso de la creación, las antiguas escrituras hebreas afirman correctamente que el universo se está desgastando.

> En el principio tú afirmaste la tierra,
> y los cielos son la obra de tus manos.
> Ellos perecerán, pero tú permaneces.
> Todos ellos se desgastarán como un vestido.
> (Salmos 102:25–26)

> Levanten los ojos al cielo,
> miren la tierra aquí abajo:
> como humo se esfumarán los cielos,
> como ropa se gastará la tierra.
> (Isaías 51:6)

Las escrituras hebreas desafiaron la creencia predominante de que el universo era eterno e inmutable. Estas afirmaciones se hicieron miles de años antes de que la ciencia hiciera el sorprendente descubrimiento de que el universo, en efecto, se está desgastando.

Astronomía

Además de describir correctamente el nacimiento y la muerte del universo, la Biblia define con precisión las estrellas y los planetas como objetos creados, en lugar de como dioses. «Y dijo Dios: "¡Que haya luces en la expansión del cielo que separen el día de la noche; que sirvan como señales de las estaciones, de los días y de los años!"». (Génesis 1:14)

El número de estrellas. Aunque a simple vista se pueden ver entre 6.000 y 7.000 estrellas,[426] la Biblia afirma correctamente que las estrellas no se pueden contar y son tan inconmensurables como la arena de la orilla del mar.[427] A medida que avanzaba la astronomía moderna, quedó claro que el número de estrellas nunca se podría contar, solo estimar. La estimación actual es de doscientos mil trillones de estrellas, aproximadamente diez veces el número estimado de granos de arena de todas las playas de la Tierra.[428] Esta estimación continúa creciendo a medida que telescopios más potentes observan los rincones más alejados del universo.

Forma de la Tierra. Los antiguos babilonios creían que el mundo era plano, flotaba sobre el agua y estaba rodeado por un muro que sostenía el cielo.[429] Los antiguos chinos pensaban que era un cuenco invertido o un cuadrado como un tablero de ajedrez.[430] Los griegos estaban divididos sobre el tema. Homero creía que la Tierra era un disco sostenido por pilares y que los cielos eran un hemisferio invertido que descansaba sobre el borde; Tales de Mileto supuso que se trataba de un disco flotando sobre el agua; Anaximandro pensaba que el mundo era cilíndrico y estaba rodeado de bolas de fuego; y Anaxímenes creía que la Tierra era un rectángulo sostenido por aire comprimido.[431]

No fue hasta los siglos XV al XVII, cuando los exploradores navegaron alrededor del mundo, cuando la Tierra esférica llegó a ser ampliamente aceptada. Dos o tres mil años antes, la Biblia afirmó con precisión que la Tierra era redonda y estaba suspendida sobre la nada.[432]

Ciencias de la Tierra

Corrientes oceánicas. En contra de las creencias predominantes, la Biblia hizo afirmaciones precisas sobre los océanos de la Tierra. Por ejemplo, el libro de los Salmos se refiere a «senderos» en los mares. Este pasaje permaneció oscuro durante 2.500 años hasta que Matthew Fontaine Maury, un oficial naval estadounidense del siglo XIX, descubrió su significado. Cuando Maury cayó enfermo en casa, su hijo le leía la Biblia. Cuando leyó Salmos 8:8, que dice que los peces nadan en los senderos del mar, Maury hizo que su hijo leyera el versículo nuevamente. A Maury le sorprendió la posibilidad de que los océanos pudieran tener senderos.[433] Decidió que, si Dios decía que había senderos en el mar, él los encontraría.

Posteriormente, Maury viajó por los océanos, descubriendo y cartografiando las corrientes oceánicas. Publicó sus resultados en 1847. Sus cartas impactaron el transporte marítimo en todo el mundo. Los mapas de rutas marítimas de Maury podían reducir un viaje de Nueva York a San Francisco en casi dos meses. Gracias a su trabajo, Maury se convirtió en el primer gran oceanógrafo del mundo y fue apodado «Buscador de los senderos del mar». Maury dio crédito públicamente a la Biblia por sus descubrimientos.[434]

Fondos marinos. La Biblia registra otro aspecto de los océanos que permaneció sin descubrir durante miles de años. Describe los fondos oceánicos como si tuvieran valles y hendiduras.[435] Hasta principios del siglo XX, la gente creía que el fondo del océano era una llanura lisa que se extendía de costa a costa. No fue hasta el desarrollo del sonar, después de la Primera Guerra Mundial, cuando se pudieron cartografiar los fondos marinos. De la noche a la mañana, quedó claro que el fondo del océano era infinitamente más accidentado de lo que se pensaba y se descubrió que contenía montañas imponentes y cañones profundos, lo que confirma antiguos pasajes bíblicos.[436]

Lluvia. Las escrituras hindúes atribuyen la lluvia a dioses llamados Maruts, que vuelan alrededor del mundo en un carro arrastrando una bolsa de agua boca abajo.[437] En cambio, las escrituras hebreas describen la lluvia como un ciclo natural en el que el agua se eleva al aire, se destila como lluvia y regresa al punto de origen de los manantiales con arroyos, sin llenar el mar.[438] Fue 2.500 años después cuando los experimentos del científico del siglo XVII Pierre Perrault confirmaron estos pasajes bíblicos al mostrar que el agua se evapora de los océanos y otros cuerpos de agua, ingresa a la atmósfera para formar nubes donde se condensa en forma de lluvia para regresar a la superficie de la tierra y fluir de regreso a los océanos a través de los ríos, donde comienza el ciclo nuevamente.[439]

Viento. Las escrituras hindúes atribuyen el viento a Vayu, el dios de los vientos.[440] No fue hasta 1686 cuando Edmund Halley relacionó la circulación atmosférica con el aire ascendente calentado por el sol. También observó que los vientos tenían un patrón de circulación alrededor del mundo.[441] Su descubrimiento se alineaba con un pasaje de la Biblia que describía correctamente los patrones del viento 2.500 años antes. En lugar de hacer de los vientos actos caprichosos de los dioses, la Biblia los describió correctamente como ciclos que ocurren naturalmente en los que los vientos siempre regresan a su curso.[442]

Medicina

Hasta la llegada de la medicina moderna, las causas y curas de la mayoría de las enfermedades eran un misterio. Este tema recibió especial atención por parte de los escritores religiosos porque las enfermedades a menudo eran debilitantes y la muerte podía ocurrir en cualquier momento. Como consecuencia, los escritos sobre este tema son especialmente reveladores.

Hinduismo. Un historiador médico describió la información médica contenida en las escrituras hindúes como una combinación arcaica de prácticas religiosas, mágicas y empíricas. La enfermedad era considerada un castigo de los dioses y el karma, y el tratamiento consistía en aplacar a los dioses y expulsar a los demonios.[443] Por ejemplo, la tuberculosis era la pena kármica por el asesinato, la cojera por robar caballos, la locura por cometer un incendio provocado y los dientes cariados por ser un informante.[444] Como las enfermedades eran castigos por pecados pasados, no había razón para entenderlas y tratarlas, ya que cada persona tenía que sufrir para expiar los pecados cometidos en una vida anterior.[445] Esta creencia frenó el progreso médico en la India durante siglos.

Budismo. Dado que el budismo adoptó el concepto hindú de retribución kármica, no había ningún beneficio en estudiar o curar enfermedades porque las aflicciones estaban diseñadas para castigar el pecado. Como no se podía ganar nada estudiando medicina, los budistas se centraron en cómo apagar el deseo para poder detener la retribución kármica.[446]

Taoísmo. El taoísmo frenó la medicina en China durante miles de años.[447] También causó un gran daño. En su búsqueda de la inmortalidad, los taoístas desarrollaron elixires con sustancias altamente tóxicas como arsénico, mercurio, plomo, oro, digital, acónito y cáñamo. Los síntomas de envenenamiento se consideraban señales de que el remedio estaba funcionando. Una de las sensaciones era que los insectos se arrastraban por la cara y el cuerpo de la persona, además de la hinchazón de manos y pies, diarrea y vómitos.[448] No es de extrañar que los tratamientos causaran la muerte de muchas personas.

Islam. Los conceptos médicos son casi inexistentes en el Corán. Por ello, el conocimiento médico moderno no puede ni corroborar ni refutar el Corán.

Judaísmo. El enfoque de la Biblia sobre la salud es decididamente diferente. De los 613 mandamientos que se encuentran en la Biblia, 213 están relacionados con la salud.[449] Como se mencionó anteriormente, Moisés fue criado en la corte real y fue educado por egipcios. Por lo tanto, es importante comprender qué prácticas médicas aprendió Moisés antes de examinar lo que escribió.

Aunque los médicos egipcios tenían un conocimiento superficial de anatomía y fisiología, técnicas quirúrgicas y odontología, su tratamiento de los trastornos internos estaba plagado de una mezcla de magia, encantamientos y superstición. Los egipcios creían que las enfermedades eran obra de demonios o espíritus de los muertos que entraban en una persona a través de las fosas nasales, la boca o los oídos. Su práctica médica defendía hechizos, encantamientos y amuletos mágicos para curar enfermedades.[450] Por ejemplo, se usaba la magia para tratar picaduras de escorpión, mordeduras de serpiente, enfermedades oculares, enfermedades de la piel, quemaduras, hemorroides, aneurismas y muchas otras afecciones.

Los magos habitualmente maldecían, amenazaban, advertían y daban órdenes a los espíritus para expulsarlos.[451]

A pesar de su formación y de la alta estima que el resto del mundo antiguo tenía por la medicina egipcia, Moisés abandonó las prácticas médicas de Egipto cuando escribió las leyes de salud de Israel. El historiador médico Benjamin Gordon señaló que las prácticas médicas de la Biblia eran más exhaustivas en cuanto a higiene y prevención de enfermedades que las de Egipto. Gracias a las leyes de salud mosaicas, que Gordon consideró médicamente sólidas, Israel se salvó de muchas de las enfermedades que afligieron a Egipto.[452] Los requisitos de Moisés eran contrarios a todo lo que había aprendido, eran precisos y estaban adelantados a su tiempo en miles de años, lo que respalda su afirmación de que la información provenía de Dios.

Las raíces de la ciencia moderna

Según el filósofo matemático Alfred North Whitehead, la ciencia no puede avanzar sin creer que hay orden en la naturaleza. Hasta hace poco, el estudio de la ciencia en China e India era prácticamente insignificante, dada la creencia generalizada de que había dioses caprichosos que controlaban los acontecimientos.[453] Esto significaba que la investigación científica era inútil porque la naturaleza estaba controlada por dioses temperamentales a los que había que apaciguar. Además, la creencia de que la enfermedad era una ilusión o producto del mal karma desalentaba el estudio de sus causas y curas. El taoísmo desalentó aún más el avance científico al animar a sus seguidores a abandonar el mundo, vaciar sus mentes y rendirse al Tao.

En contraste, las escrituras hebreas enseñan que un Dios racional creó la naturaleza y la puso en movimiento. La creencia fomentaba el estudio de la naturaleza para comprender mejor a Dios. Según Whitehead, esta cosmovisión dio origen a la ciencia moderna.[454] En su libro *The Mind of God*, El profesor de física matemática Paul Davies identificó a algunos de los principales científicos de la historia que se beneficiaron de creer que leyes matemáticas racionales gobernaban el universo. Entre ellos se encontraban los astrónomos Tycho Brahe y Johannes Kepler, quienes dedujeron las leyes del movimiento planetario, y René Descartes e Isaac

Newton, que desarrollaron las leyes del movimiento y la gravitación. Veían el universo como una máquina magnífica construida por Dios.[455]

Albert Einstein creía que la búsqueda del diseño de Dios era la fuente de toda ciencia verdadera.[456] Además de proporcionar una base racional para estudiar la naturaleza, el concepto bíblico del tiempo fomentó el avance científico. Según Richard Morris, físico teórico y autor de *Time's Arrows: Scientific Attitudes Toward Time*, la mayoría de las civilizaciones antiguas creían que el tiempo era cíclico, y que los mismos acontecimientos se repetían una y otra vez durante toda la eternidad.[457] Esto no solo desalentó la búsqueda de la ciencia, sino que produjo una falta de propósito.[458]

Las escrituras hebreas no comparten esta visión del tiempo. En lugar de ciclos, la Biblia enseña que el tiempo tiene un comienzo y tendrá un final.[459] Además, fluye en línea recta con eventos históricos únicos. Esta visión lineal del tiempo tuvo un profundo efecto en el pensamiento occidental y apoyó el progreso social y el desarrollo tecnológico.[460] Así, la Biblia hebrea no solo proporcionó información objetiva sobre cosmología, astronomía, ciencias de la tierra y medicina miles de años antes de su confirmación científica, sino que su descripción de un Dios racional y la naturaleza lineal del tiempo promovió una vigorosa búsqueda de la ciencia.

Autoría distintiva

Las técnicas de investigación jurídica establecen que siempre que la autoría de un documento no esté clara, su contenido puede identificar al autor al revelar información que solo podría haber sido conocida por el autor en el momento de su redacción. Cuando se aplican a escritos religiosos, todos menos uno apuntan a la autoría humana. Solo la Biblia era exacta al tratar cuestiones médicas y científicas. Además, promovió la búsqueda racional de la ciencia.

Es imposible que los antiguos profetas bíblicos supieran que el universo tuvo un comienzo y se está desgastando, que las estrellas no se pueden contar, que la tierra es circular y está suspendida sobre la nada, que el viento se mueve en patrones, que el agua se recicla y que los fondos oceánicos tienen valles y hendiduras. Sin embargo, la Biblia describió correctamente todas estas cosas. En medicina, la Biblia evitó los errores y conceptos equivocados rampantes en el hinduismo, el budismo y el taoísmo, y promovió prácticas médicas miles de años adelantadas a su tiempo.

Ese conocimiento solo podía provenir de una fuente de confianza: el Dios que puso todo en movimiento. La precisión de la Biblia en asuntos demostrables implica exactitud en asuntos espirituales.

Capítulo 10

DETALLES VERIFICABLES

Prueba corroboradora: prueba complementaria de la ya
aportada y destinada a reforzarla o confirmarla.

—*Black's Law Dictionary*[461]

Los autores de *Psychology and Law: Truthfulness, Accuracy and Credibility*
descubrieron que el testimonio veraz suele ser rico en descripciones
de personas, lugares, épocas y acontecimientos.[462] Los autores de *Fact
Investigation: From Hypothesis to Proof* coinciden en que el testimonio
detallado es un elemento esencial para establecer la credibilidad de los
testigos.[463]

Las personas que falsifican testimonios evitan detalles porque tienen que
inventarlos y, una vez fabricados, son difíciles de recordar en posteriores
declaraciones.[464] Por eso la policía obliga a los sospechosos a repetir sus
historias. Los testigos falsos olvidan esas pruebas ficticias y a menudo
las cambian con cada narración, mientras que los testigos veraces pueden
recordar fácilmente detalles de los hechos cada vez que vuelven a contar su
historia. Los falsos testimonios no solo son difíciles de recordar, sino que a
menudo contradicen los hechos descubiertos por los investigadores. Como
resultado, quienes falsifican testimonios hablan con vagas generalidades.

De la misma manera, los escritos religiosos pueden ser corroborados o
cuestionados por el nivel de detalle histórico y la exactitud de la información
presente en su narrativa. Las escrituras ricas en hechos verificables
implican exactitud en asuntos espirituales. Aquellas que evitan los detalles
específicos o contienen información falsa indican autoría humana en lugar
de inspiración divina.

Vedas y Upanishads hindúes

Ninguna de las escrituras hindúes contiene detalles históricos verificables.
Más bien tienen la apariencia de un mito. Barry Powell, autor de *Classical
Myth*, señaló que las fábulas no suelen tener autores identificables
y se desarrollan en un pasado lejano no especificado y en lugares no

identificables u oscuros.[465] El siguiente pasaje de la Kena Upanishad es un ejemplo de la naturaleza mitológica de las escrituras hindúes:

> Érase una vez, Brahman, el Espíritu Supremo, que obtuvo una victoria para los dioses. Y en su orgullo, los dioses pensaron: «Solo nosotros logramos esta victoria, solo nuestra es la gloria». Brahman lo vio y se les apareció, pero ellos no lo reconocieron. «¿Quién es ese ser que nos llena de asombro?», gritaron. Y hablaron a Agni, el dios del fuego: «Oh dios omnisciente, ve a ver quién es ese ser que nos llena de asombro». Agni corrió hacia él y Brahman le preguntó: «¿Quién eres?» «Yo soy el dios del fuego», repuso, «el dios que sabe todas las cosas».[466]

El pasaje no tiene tiempo, lugar o autor identificables. Usando el formato de los cuentos de hadas, comienza con «Érase una vez». Este formato se repite en otros escritos hindúes. Al carecer de detalles históricos, las escrituras hindúes no pueden corroborarse.

Tripitaka y *Sutras* del budismo

Las palabras de Siddhartha Gautama se transmitieron oralmente durante 500 años a través de una larga sucesión de maestros y alumnos.[467] Cuando se pusieron por escrito, el budismo ya se había escindido en dos ramas principales con dieciocho escuelas diferentes.[468] Finalmente, las tradiciones orales se consolidaron en manuscritos llamados *Tripitaka* y los *Sutras*.[469] Aparecieron dos versiones diferentes. La primera fue la versión conservadora Therevadin, escrita en una antigua lengua india conocida como «pali». Más tarde apareció una versión mahayana liberal en lengua sánscrita que contenía algunos de los mismos textos therevada, pero incorporaba una gran biblioteca de material diferente.[470]

En el siglo V se agregaron nuevas escrituras llamadas *Tantra* a la rama mahayana del budismo. Contienen conjuros mágicos, diagramas ocultos y gestos simbólicos con las manos para ayudar a los seguidores a alcanzar una unión mística con el universo.[471] Dada la dilatada historia oral, los diferentes textos y las divisiones en su visión de Buda, existe un profundo desacuerdo entre las distintas escuelas. Ambas ramas del budismo, therevada y mahayana, afirman que sus escrituras son enseñanzas directas de Buda. Por lo tanto, no existe una Biblia budista consensuada.[472]

Según Karen Armstrong, autora de *Buddha*, no hay un solo incidente en las escrituras budistas que pueda considerarse históricamente cierto.

Armstrong atribuye esta carencia a la larga tradición oral, que permitió la acumulación de errores y leyendas plasmadas por escrito por escribas y monjes. Señaló que no había forma de distinguir lo auténtico de lo inventado. Armstrong concluyó que las escrituras budistas no proporcionan ninguna información que satisfaga la historia científica moderna.[473]

Como se señaló anteriormente, Gautama enseñaba que sus palabras no eran de inspiración divina. Si a esto se suma la larga transmisión oral de sus enseñanzas, la gran división de las escrituras budistas y la falta de detalles históricos que las corroboren, las escrituras budistas no pueden considerarse dignas de confianza.

El *Tao Te Ching* del taoísmo

Thomas Cleary, traductor de más de cincuenta textos budistas y taoístas, escribió que los orígenes históricos del taoísmo están velados por alegorías y mitos. Incluso se pone en duda la existencia de Lao Tse. Según la leyenda, Lao Tse fue contemporáneo de Confucio y trabajó como archivero para uno de los reinos menores de China.[474]

La inestabilidad en la corte real hizo que Lao Tse dimitiera de su cargo y abandonara China. Al salir del país, un guardia lo detuvo en un paso de montaña y lo convenció para que escribiera su filosofía. Lao Tse se detuvo el tiempo suficiente para componer un breve tratado filosófico de solo 5.000 caracteres chinos llamado *Tao Te Ching*. Después de eso, nunca más se supo de él.[475]

En el Tao Te Ching no hay referencias históricas de ningún tipo, ni de personas ni de acontecimientos. Sin referencias históricas no se pueden corroborar las enseñanzas taoístas. Además, los eruditos de China y Japón creen que el tratado no fue escrito por una sola persona. Creen que el Tao Te Ching es una antología de máximas y reglas de conducta de diferentes fuentes procedentes de distintos periodos de tiempo.[476]

Movimiento *New Age*

El movimiento *New Age* no tiene textos sagrados. En su lugar, los acuarianos, los wiccanos, y los autores de ovnis agregan anualmente literatura contradictoria a un *corpus* existente de escritos. La discordia surge de su énfasis en la experiencia personal como base de la verdad religiosa.[477] Los adeptos de la *New Age* escriben libros a medida buscan sus propios caminos espirituales. Sin escrituras reconocidas, las afirmaciones espirituales de estos grupos no pueden corroborarse.

El *Corán* del islam

Los seguidores de Mahoma memorizaban sus numerosas declaraciones sobre la voluntad de Alá o las escribían en trozos de pergamino, hojas de palmera y piedras. El ayudante de Mahoma, Zayd ibn Thabit, había comenzado a recopilar, editar y organizar las revelaciones de Mahoma cuando este aún vivía. Tras la muerte de Mahoma, estallaron las luchas y muchos de los que habían memorizado sus revelaciones fueron asesinados. Para evitar mayores pérdidas, se le pidió a Zayd que las recopilara.[478]

El primer borrador de Zayd provocó disputas sobre su contenido entre los seguidores de Mahoma. Para evitar controversias, retiró el borrador y preparó uno nuevo. Cuando se completó la segunda versión, esta fue aprobada y se convirtió en el Corán, que significa «recitar». Entonces se destruyó el primer borrador de Zayd. A pesar de las revisiones, la controversia continuó y el asistente de Mahoma fue acusado de eliminar pasajes que resultaban embarazosos para importantes conversos islámicos.[479] Dado que el Corán casi no contiene detalles históricos verificables, su contenido no puede corroborarse.

La Biblia del judaísmo

Los escritos sagrados del judaísmo constan de treinta y nueve libros escritos a lo largo de aproximadamente 1.000 años. Se dividen en la ley, los profetas y los escritos, que forman un todo unificado, dando lugar a la Biblia hebrea, que significa el «Libro».[480] Moisés escribió los primeros cinco libros de la Biblia, que se llaman Pentateuco o la Torá.[481] Varios profetas y reyes escribieron los libros restantes alrededor del año 400 a. C.

La Biblia hebrea registra la promesa de Dios a Abraham, la fundación de Israel y su crecimiento como nación. Como resultado de todo esto, la Biblia es rica en detalles históricos. El siguiente pasaje de Jeremías ilustra la forma precisa en que se describen los acontecimientos:

> «Estas son las palabras de Jeremías, hijo de Jilquías. Jeremías provenía de una familia sacerdotal de Anatot, ciudad del territorio de Benjamín. La palabra del SEÑOR vino a Jeremías en el año trece del reinado de Josías, hijo de Amón y rey de Judá. También vino a él durante el reinado de Joacim, hijo de Josías y rey de Judá, hasta el fin del reinado de Sedequías, hijo de Josías y rey de Judá; es decir, hasta el quinto mes del año undécimo de su reinado, cuando la población de Jerusalén fue deportada. (Jeremías 1:1–3)

El relato contiene referencias cruzadas de nombres, eventos y lugares que señalan cuándo y dónde recibió Jilquías la palabra de Dios. Debido a su riqueza de detalles históricos, la Biblia ha sido objeto de un intenso escrutinio durante siglos. Dada la existencia de innumerables excavaciones que han confirmado repetidamente la exactitud de las descripciones de la Biblia, algunos arqueólogos la utilizan como guía de campo para encontrar lugares perdidos. Nelson Glueck, un destacado arqueólogo palestino del siglo XX, escribió que los descubrimientos arqueológicos confirman la descripción bíblica de los acontecimientos históricos con un esquema claro o detalles exactos.[482] A continuación se presentan algunos ejemplos.

Hititas. Aunque la Biblia menciona a los hititas más de cincuenta veces, los eruditos liberales rechazaron los relatos porque no había evidencia secular de que el imperio existiera alguna vez. Los eruditos conservadores argumentaron que la falta de pruebas no significa que no existieran. Razonaban que la precisión milimétrica de la Biblia en todas las demás cuestiones arqueológicas debería crear la presunción de que los hititas sí habían existido.

El debate se prolongó hasta el siglo XIX, cuando los arqueólogos encontraron los restos de la capital del Imperio hitita, situada aproximadamente a 125 millas al este de Ankara, Turquía. Descubrieron un extenso archivo real con más de 10.000 tablillas de arcilla, entre las que figuraba un tratado entre los hititas y el faraón egipcio Ramsés II.[483] El descubrimiento corroboró los relatos bíblicos.

Jericó. Según las escrituras hebreas, Dios ordenó a los israelitas que atacaran la ciudad fuertemente fortificada de Jericó. A Josué le dijo que destruyera la ciudad y no tomara nada de ella, excepto oro y plata para dedicarlo a Dios. Según el relato, la batalla se libró en primavera. Cuando Dios hizo que los muros que rodeaban Jericó se derrumbaran, el ejército cargó contra la ciudad y la quemó.[484]

Las pruebas arqueológicas de la destrucción de Jericó coinciden con el relato bíblico. En su libro *The Stones Cry Out*, el Dr. Randall Price citó el trabajo arqueológico realizado por Bryant Wood en las ruinas de la ciudad.[485] Descubrió que se correspondía con el relato bíblico del capítulo 6 de Josué. Las pruebas demostraban que Jericó estaba fuertemente fortificada, y sus murallas se derrumbaron cuando la ciudad fue destruida. Aunque los asedios solían durar años, la gran cantidad de grano almacenado en Jericó indica que el asedio fue extremadamente breve. El grano intacto también demuestra que la ciudad no fue saqueada. Dejar comida era contrario a la práctica de los ejércitos antiguos, pero concuerda con la descripción de la Biblia.

El rey Belsasar. Otro ejemplo de detalle histórico preciso es la caída de Babilonia a manos de los persas. Según el relato del Libro de Daniel:

> «El rey Belsasar ofreció un gran banquete a mil miembros de la nobleza y bebió vino con ellos... Bebían vino y alababan a los dioses de oro, plata, bronce, hierro, madera y piedra. En ese momento, en la sala del palacio apareció una mano que, a la luz de las lámparas, escribía con el dedo sobre la parte blanca de la pared... el rostro le palideció del susto... apenas podía sostenerse. [El profeta Daniel fue convocado y tradujo el escrito del siguiente modo:] "Dios ha contado los días de su reino y les ha puesto un límite... Ha sido puesto en la balanza y no pesa lo que debería pesar... Su reino se ha dividido y entregado a medos y persas". Esa misma noche fue asesinado Belsasar, rey de los babilonios, y Darío el meda se apoderó del reino cuando tenía sesenta y dos años». (Daniel 5:1–31)

Los eruditos liberales rechazaron el relato porque contradecía los registros seculares que identificaban al rey Nabonido como el último rey de Babilonia, que no murió cuando la ciudad fue capturada. En lugar de eso, sus conquistadores le dieron una pensión.[486]

A mediados del siglo XIX, el relato de Daniel fue confirmado cuando se excavaron tablillas de arcilla que no solo contenían el nombre de Belsasar, sino que también lo identificaban como hijo de Nabonido y cogobernante con su padre. Las tablillas revelaron que Nabonido había dejado la administración del gobierno a su hijo y vivía en Arabia cuando Babilonia fue capturada.[487] Tras la muerte de su hijo, los persas le dieron a Nabonido una pensión. De este modo se demostró que la descripción de Daniel era exacta.

Conclusión

Los escritos hindúes tienen el aire de la mitología. Los manuscritos budistas carecen de los criterios de la investigación histórica moderna. Los libros de la *New Age* ofrecen narrativas radicalmente incoherentes. Las escrituras taoístas e islámicas no contienen referencias históricas que las respalden. En resumen, ninguna de estas religiones ofrece alguna evidencia histórica que ayude a corroborar sus afirmaciones espirituales. Por el contrario, las escrituras hebreas contienen detalles históricos ricos y verificables, confirmados por siglos de intensa investigación arqueológica. La exactitud verificable de la Biblia en las referencias históricas implica exactitud en los asuntos espirituales.

Capítulo 11

LA VERDAD ESPIRITUAL IMPORTA

Si nos fijamos bien, es fácil distinguir la verdadera religión.
—Blaise Pascal, matemático[488]

Hasta los tiempos modernos, la creencia en Dios se basaba casi exclusivamente en la fe. No fue hasta el siglo XX cuando los avances revolucionarios en física y astronomía brindaron respaldo científico a una creencia racional en Dios. Una serie de descubrimientos establecieron que el universo surgió de la nada en un momento específico en el tiempo. Einstein lo describió como obra de una inteligencia superior.[489] El anteriormente ateo Antony Flew llegó a la misma conclusión. Creía que un ser con superinteligencia era la única explicación plausible para el universo.[490]

La ciencia y la lógica apuntan a un Dios vivo que existe fuera del espacio y el tiempo. También nos guían a la religión para encontrar respuestas espirituales. Lamentablemente, las religiones discrepan sobre cómo hemos llegado hasta aquí y por qué, qué ocurre cuando morimos y cuál es el camino hacia la salvación. Es esencial decidir qué religión revela con precisión el mensaje de Dios. Si elegimos la errónea, podríamos encontrarnos en un camino que no lleva a ninguna parte.

Las religiones que afirman conocer la verdad sobre cuestiones espirituales deben demostrarlo. No es suficiente con presentar unas afirmaciones. Cada religión debe proporcionar una fuente fiable de información y validarla con pruebas relevantes y creíbles. El análisis jurídico nos permite determinar qué religiones son dignas de confianza y cuáles no.

Hinduismo. Las escrituras hindúes ofrecen conceptos religiosos contradictorios de numerosos escritores anónimos. Afirman que los dioses caprichosos pueblan el universo e influyen en nuestras vidas. Los Vedas sugieren que su información procede de un dios, pero no pueden autenticarla ni corroborarla. Por otro lado, las escrituras hindúes tienen la apariencia de un mito y contienen errores sobre la creación, las ciencias de la tierra y las prácticas médicas. En consecuencia, deben ser reconocidos por lo que son: poesía, mitología y conjeturas de autores humanos, no revelaciones de inspiración divina.

Budismo. El budismo tiene su origen en un hombre, Siddhartha Gautama, que enseñaba que no existe un ser supremo y se vanagloriaba de que sus ideas eran suyas. En consonancia con su rechazo de Dios, ningún milagro ni profecía autenticó sus enseñanzas. Sin una fuente de información de confianza, las doctrinas budistas resultan especulativas y poco fidedignas, y no se puede confiar en ellas como guía.

Taoísmo. El taoísmo es una filosofía del equilibrio entre opuestos fundada por Lao Tse que pretendía tener inspiración divina. Al igual que ocurre con el hinduismo y el budismo, los milagros y las profecías son incompatibles con la creencia taoísta en un principio impersonal que gobierna el universo en lugar de un Dios vivo. Sin una fuente de información fidedigna, sin autenticación y sin pruebas que lo corroboren, las enseñanzas taoístas son especulativas y poco fiables. Por lo tanto, no podemos recurrir al taoísmo en busca de guía espiritual.

Movimiento New Age. El movimiento *New Age* no tiene fundador ni doctrinas oficiales. En lugar de eso, los autores producen cada año textos contradictorios sobre cristales, guías espirituales, brujería y extraterrestres. Sus afirmaciones, siempre cambiantes, se deben a su insistencia en la experiencia personal como base de la verdad religiosa. Al igual que ocurre con el hinduismo, el budismo y el taoísmo, la autenticación divina es incompatible con el ateísmo, el panteísmo y el politeísmo de los grupos bajo el paraguas de la *New Age*. Con fuentes de información de poca credibilidad, las enseñanzas de la *New Age* llevan a sus seguidores por caminos extraños en los que no se puede confiar.

Islam. El islam fue fundado por Mahoma, quien afirmaba recibir mensajes del ángel de Alá. Sus revelaciones se recopilaron en un libro llamado el Corán. Aunque Mahoma identificó correctamente a un Dios monoteísta que creó el universo, Mahoma no aportó ninguna prueba de que fuera el profeta de Dios. No hubo milagros y sus profecías fallaron. Para convencer a los escépticos, Mahoma recurrió a la violencia para forzar su conversión. Además, prometió sexo ilimitado en el paraíso para los hombres que murieran matando infieles. Como las afirmaciones de Mahoma no pueden verificarse, se debe evitar el islam.

Judaísmo. En lugar de especulaciones, las escrituras judías afirman explícitamente que su información proviene de Dios. La Biblia usa repetidamente frases como «el SEÑOR Dios dijo», «el SEÑOR reveló» y «el SEÑOR ordenó». Además, las escrituras describen correctamente los atributos de Dios como ser viviente que existe fuera del espacio y el tiempo y que habló para que el universo existiera. Dios autenticó a sus profetas con milagros y cumplió las profecías. La Biblia proporciona evidencia que corrobora la autoría divina en forma de conocimientos científicos precisos y prácticas médicas que se desconocían en ese momento. Finalmente, la Biblia ofrece profusos detalles históricos verificados por siglos de investigación. La precisión en los detalles históricos implica precisión en los asuntos espirituales. Así, la Biblia emerge con la pretensión verosímil de que sus enseñanzas proceden de Dios.

Una vez establecido que la Biblia es una fuente fidedigna de información sobre asuntos espirituales, el tema central de la Biblia adquiere relevancia. El mensaje se puede resumir como (i) hay un Dios verdadero cuyo nombre es Yahvé, (ii) nuestro pecado nos separa de él, (iii) Dios eligió a los descendientes de Abraham como el pueblo a través del cual se revelaría, y (iv) Dios prometió enviar a su Ungido para cerrar la brecha abierta entre Dios y el hombre.[491] Dado que la Biblia hebrea termina sin la llegada del Ungido de Dios, esto nos lleva a la afirmación del cristianismo de que Jesús es esa persona. A continuación, examinaremos la afirmación para ver si resiste el escrutinio.

PARTE III
¿EL HIJO DE DIOS?

Porque nos ha nacido un niño, se nos ha concedido un
hijo; la soberanía reposará sobre sus hombros y se le darán
estos nombres: Consejero Admirable, Dios Fuerte,
Padre Eterno, Príncipe de Paz.

—Isaías 9:6

Capítulo 12

EL NACIMIENTO DEL CRISTIANISMO

«Yo soy la voz de uno que grita en el desierto:
'Enderecen el camino para el SEÑOR».

—Juan 1:23

El profeta Isaías predijo que una voz en el desierto prepararía el camino para el SEÑOR.[492] Trescientos años después, el profeta Malaquías prometió que Dios enviaría un mensajero para preparar el camino al SEÑOR.[493] Y después siguieron cuatrocientos años de silencio, un silencio que también fue predicho por el profeta Amós.[494]

Durante esos cuatrocientos años, Israel sufrió bajo el dominio persa, griego y romano. El largo silencio de los profetas de Dios lo rompió en el año 28 d. C. un hombre que surgió del desierto como una tormenta. Juan el Bautista tronó advirtiendo que se acercaba el día del SEÑOR, y gentes de todo Israel acudieron en gran número al desierto para escuchar su mensaje. Las advertencias de Juan alarmaron a sus oyentes. Tras confesar sus pecados, Juan los bautizó en el río Jordán.[495]

Muchos creían que Juan era el profeta de Dios, Isaías, resucitado o el tan esperado «Ungido» del que hablan las Escrituras. Las especulaciones fueron tan intensas que los líderes religiosos pidieron a Juan que se identificara. Juan respondió que él era el mensajero predicho por Isaías: era la voz que clamaba en el desierto, enderezando el camino para el Señor.[496] Dijo que vendría uno más poderoso, a quien ni siquiera merecía desatarle la correa de sus sandalias.[497]

Durante dos años, Juan preparó al pueblo de Israel para la llegada del Ungido de Dios. Un día, Jesús buscó a Juan para que lo bautizara. Cuando Juan vio a Jesús, gritó:

> ¡Aquí tienen al Cordero de Dios, que quita el pecado del mundo! De este hablaba yo cuando dije: «Después de mí viene un hombre que es superior a mí, porque existía antes que yo». Yo ni siquiera lo conocía, pero para que él se

revelara al pueblo de Israel, vine bautizando con agua…
este es el Hijo de Dios». (Juan 1:29–34)

Luego, Juan les dijo a sus seguidores que su ministerio llegaría a su fin a medida que el ministerio de Jesús aumentaba.[498] Poco después, la obra de Juan terminó cuando el rey Herodes lo encarceló y lo ejecutó.

Como habían hecho antes con Juan, la gente se agolpó alrededor de Jesús. Los hombres abandonaron sus medios de vida y se convirtieron en discípulos. Cuando el número de seguidores de Jesús empezó a crecer, los líderes judíos se preocuparon. Temían que pudiera alterar la tensa relación entre los judíos y el Imperio romano. También les preocuparon sus críticas. Jesús calificó a los líderes religiosos de nido de víboras que explotaban a los pobres. Los comparó con sepulcros blanqueados: limpios por fuera, pero llenos de hipocresía y maldad por dentro.[499]

Las autoridades religiosas, indignadas por las acusaciones de Jesús, celosas de su popularidad y temerosas de las autoridades romanas, decidieron deshacerse de él. Los sacerdotes aprovecharon la oportunidad cuando uno de sus discípulos se ofreció a traicionarlo. Esa noche arrestaron a Jesús y lo sometieron a juicio. En una tumultuosa audiencia ante un tribunal reunido apresuradamente, fue condenado a muerte.[500]

El gobernador romano aceptó el veredicto y, en cuestión de horas, Jesús fue ejecutado. Su cuerpo fue depositado en una tumba, se selló la entrada y se apostaron guardias en el exterior. Tres días después, la tumba estaba vacía y los relatos de la resurrección de Jesús recorrieron Jerusalén.[501] Muchos dijeron que habían visto a Jesús resucitado y proclamaron que era el Hijo de Dios. Lo que siguió a continuación fue el nacimiento del cristianismo.

Con Jerusalén como centro, los creyentes se esparcieron por todo el Imperio romano, llevando la buena nueva de la salvación mediante la fe en Jesús. Roma consideró la nueva religión una influencia desestabilizadora porque los cristianos se negaban a adorar a sus emperadores. Para detener su propagación, el emperador Nerón lanzó una campaña de opresión asesina contra los cristianos. El funcionario romano Tácito describió cómo Nerón los clavaba en cruces y los quemaba por la noche para que alumbrasen o los cubría con pieles de animales para que los perros los destrozaran.[502]

A pesar de la brutal persecución, el cristianismo se extendió por todo el imperio. Además de su negativa a adorar a los emperadores, los cristianos tenían características desconcertantes. Plinio, el gobernador de Bitinia, informó al emperador Trajano que los cristianos habían jurado no cometer actos malvados, fraude, robo o adulterio, y nunca mentir ni traicionar la confianza.[503] Su informe reflejaba la amonestación dada por el apóstol Pedro a los nuevos creyentes:

> Precisamente por eso, esfuércense por añadir a su fe, virtud; a su virtud, conocimiento; al conocimiento, dominio propio; al dominio propio, constancia; a la constancia, devoción a Dios; a la devoción a Dios, afecto fraternal; y al afecto fraternal, amor. Porque estas cualidades, si abundan en ustedes, los harán crecer en el conocimiento de nuestro Señor Jesucristo y evitarán que sean inútiles e improductivos. (2 Pedro 1:5–8)

Los cristianos siguieron las instrucciones de Pedro y se aferraron firmemente a su fe, a pesar de la persecución. El sufrimiento que comenzó bajo Nerón continuó bajo los emperadores Domiciano, Trajano, Antonio Pío y Marco Aurelio. Las autoridades romanas castigaron a los cristianos por negarse a participar en rituales paganos y no adorar a los emperadores como dioses. Su angustia persistió bajo el emperador Decio, quien ordenó a todos los cristianos hacer sacrificios a los dioses paganos bajo pena de tortura y ejecución. Las persecuciones violentas continuaron con el emperador Diocleciano, quien llenó las mazmorras con tantos líderes de la Iglesia que no quedó espacio para los verdaderos criminales.[504]

A pesar de la feroz oposición de los emperadores romanos, el cristianismo creció desde un puñado de discípulos a más de seis millones de creyentes (al menos el 10% del Imperio romano). Las enseñanzas de Jesús llegaron a todos los niveles del gobierno, hasta tal punto que el emperador Constantino se convirtió al cristianismo en el año 313 d. C.[505] Durante los siguientes diecisiete siglos, el cristianismo creció hasta incluir a casi un tercio de la población mundial.[506]

El impacto del cristianismo en el mundo ha sido enorme. Cambió calendarios, dominó la filosofía, estableció hospitales, promovió los derechos humanos, impulsó la libertad económica, fundó universidades, alentó la ciencia, transformó el arte, la música y la literatura, y dio forma a las leyes de la civilización occidental.[507] Se han escrito más libros sobre Jesús que sobre cualquier otra persona de la historia. El asombroso impacto del ministerio de Jesús es aún más notable por su brevedad: solo tres años.

Por su disposición a soportar la tortura y la muerte, se desprende claramente que los cristianos creían profundamente en un Salvador resucitado. Sin embargo, cabe la posibilidad de que sus creencias fueran erróneas. Las afirmaciones del cristianismo sobre Jesús son extraordinarias y deben investigarse sometiéndolas a las mismas pruebas que se aplican a otras religiones. ¿Recibió Jesús su información de una fuente fidedigna? ¿Identificó correctamente a Dios? ¿Fueron autenticadas sus afirmaciones? ¿Existen pruebas que las corroboren?

Capítulo 13

CLARIDAD EN LAS AFIRMACIONES DE JESÚS

Te ordeno en el nombre del Dios viviente que nos
digas si eres el Cristo, el Hijo de Dios.

—Mateo 26:63

El primer paso para establecer la identidad de Jesús es examinar quién afirmaba ser. Cuando Jesús comenzó su ministerio, el pueblo de Israel buscaba un salvador que los rescatara de la ocupación romana y restaurara el poder y el prestigio que antaño tuvieron bajo el rey David. Incluso los discípulos de Jesús esperaban que el Ungido de Dios derrocara a los romanos. Por todo ello, la gente estaba confundida por las palabras y acciones de Jesús. En lugar de liderar una rebelión, Jesús habló del reino de Dios, se refirió a sí mismo como el Hijo de Dios y afirmó que verlo a Él era ver a Dios.[508]

Jesús confundió a los oyentes al decirles que Abraham, que llevaba muerto 2.000 años, se había regocijado al verlo. Incrédulos, ellos respondieron que Jesús aún no tenía cincuenta años, por lo que no podía haber visto a Abraham. Jesús respondió: «Les aseguro que, antes de que Abraham naciera, ¡yo soy!» (Juan 8:58) Jesús usó las mismas palabras que Dios había dicho a Moisés. Cuando Dios ordenó a Moisés que sacara a su pueblo de Egipto, Moisés dijo que la gente preguntaría quién lo había enviado. Dios le dijo a Moisés que respondiera: «YO SOY me ha enviado a ustedes». (Éxodo 3:14)

Además de decirles a los oyentes que él y Dios eran uno,[509] Jesús afirmó ser el cumplimiento de la profecía bíblica. Al comienzo de su ministerio y en una sinagoga abarrotada, leyó públicamente un pasaje del profeta Isaías:

> «El Espíritu del Señor está sobre mí, por cuanto me ha ungido para anunciar buenas noticias a los pobres. Me ha enviado a proclamar libertad a los cautivos y dar vista a los ciegos, a poner en libertad a los oprimidos, a pregonar el año del favor del Señor». (Lucas 4:18–19)

Después de leer el pasaje, Jesús enrolló el rollo, se lo devolvió al ayudante y se sentó. Los ojos de todos los presentes en la sinagoga estaban puestos en Jesús cuando anunció que se había cumplido la escritura que habían oído.[510]

En otra ocasión, Jesús amonestó a los oyentes diciendo que las escrituras daban testimonio de él y que, si creían a Moisés, debían creerle a él porque Moisés había escrito sobre él. A un tercer grupo, Jesús les explicó que Moisés y todos los profetas hablaban de él. En otra ocasión, cuando una mujer dijo que sabía que el Mesías vendría y les explicaría todo, Jesús declaró que él era el Mesías.[511]

En repetidas ocasiones, Jesús afirmó ser el cumplimiento de la profecía, el Ungido de Dios y el Hijo de Dios. Las afirmaciones de Jesús eran inequívocas y tanto amigos como enemigos las entendieron claramente.

Amigos y enemigos

Aquellos que conocieron mejor a Jesús no cuestionaron sus afirmaciones. Todo lo contrario: las respaldaron. Marta declaró: «Tú eres el Mesías, el Hijo de Dios».[512] El categórico Pedro confesó: «Tú eres el Cristo, el Hijo de Dios vivo».[513] Andrés, el hermano de Pedro, dijo de Jesús: «Hemos encontrado al Mesías».[514] Natanael declaró: «Tú eres el Hijo de Dios».[515] El escéptico Tomás exclamó: «¡Señor mío y Dios mío!»[516] Su íntimo amigo Juan escribió: «Él es el Dios verdadero y la vida eterna».[517] El escritor del Libro de los Hebreos describió a Jesús como «el resplandor de la gloria de Dios y la representación exacta de su ser».[518]

También los enemigos de Jesús comprendieron su proclamación de ser el Hijo de Dios. «Así que los judíos redoblaban sus esfuerzos para matarlo, pues no solo quebrantaba el sábado, sino que incluso decía que Dios era su propio Padre, con lo que él mismo se hacía igual a Dios». (Juan 5:18)

Jesús bajo juramento

La afirmación de Jesús de ser el Hijo de Dios le hizo enfrentarse a las autoridades religiosas, que lo consideraban blasfemo. La disputa se volvió tan intensa que los líderes religiosos arrestaron a Jesús y lo llevaron a juicio. En el juicio, el sumo sacerdote exigió que Jesús diera testimonio jurado sobre su identidad.

> Te ordeno en el nombre del Dios viviente que nos digas si
> eres el Cristo, el Hijo de Dios. (Mateo 26:63)

Testificar bajo este juramento particular era la promesa más solemne impuesta a un testigo. Una vez jurado, el testigo estaba obligado a responder con la verdad. Una respuesta falsa era castigada por Dios.[519] Jesús respondió:

> «Sí, yo soy… Y ustedes verán al Hijo del hombre sentado
> a la derecha del Todopoderoso». (Marcos 14:62)

Su contestación enfureció a los líderes religiosos, que lo condenaron a muerte por esa respuesta.[520]

El consejo gobernante quería ejecutar a Jesús, pero solo el gobernador romano tenía ese poder. Como resultado, Jesús fue sometido a un segundo juicio, esta vez ante Poncio Pilato. Pilato convocó una audiencia y le preguntó a Jesús si él era el Rey de los judíos.[521] Jesús pudo retractarse de su testimonio anterior y evitar una sentencia de muerte. En cambio, respondió a la pregunta de Pilato diciendo: «Sí [soy el Rey de los judíos]». Sin embargo, añadió que su reino no era terrenal.[522] Pilato no entendió el significado de la respuesta de Jesús hasta que los líderes religiosos exigieron que Jesús fuera ejecutado porque afirmaba ser el Hijo de Dios.[523]

Relevancia de las afirmaciones de Jesús

La identidad de Jesús es fundamental para sus enseñanzas sobre Dios, el pecado y la salvación. Jesús dijo repetidamente que era el Hijo de Dios. Sus amigos, familiares y discípulos entendieron su afirmación y la respaldaron. Sus enemigos también lo entendieron y por ello lo juzgaron. Jesús repitió sus declaraciones en dos procesos judiciales: primero en un tribunal religioso y luego en un tribunal penal bajo amenaza de muerte. Jesús testificó que él era el Cristo, el Hijo de Dios, el Rey de Israel, y sus acusadores lo verían sentado a la diestra de Dios.[524] Por todo esto, Jesús fue sentenciado a muerte; no por nada de lo que había hecho, sino por lo que dijo.

Aunque Jesús dijo claramente que era el hijo de Dios, es posible que estuviera mintiendo o desvariando. Para determinar la credibilidad de su afirmación, primero examinaremos su descripción de Dios.

Capítulo 14

MONOTEÍSMO Y LA TRINIDAD

Escucha, Israel: El SEÑOR nuestro Dios es el único SEÑOR
—Deuteronomio 6:4

Como se describió en el capítulo 6, la ciencia y la lógica conducen a una visión monoteísta de Dios, la misma que sostienen las escrituras judías. Sin embargo, la descripción que Jesús hace de Dios parece contradecirlas. Jesús oró a Dios Padre, se describió a sí mismo como el Hijo de Dios y se refirió a una tercera persona como el Espíritu Santo, afirmando que cada uno de ellos es Dios. El concepto de tres personas en un solo Dios finalmente llegó a ser conocido como Dios uno y trino, o la «Trinidad».

Evidencia en la naturaleza

Curiosamente, el concepto de tres en uno descrito por Jesús encuentra respaldo en la naturaleza. Existen patrones de tres en todo el universo. Por ejemplo, el universo se compone de espacio, materia y tiempo. Cada componente, a su vez, se compone de tres o una serie de tres.

1. *Espacio.* El espacio tiene tres dimensiones espaciales: largo, ancho y alto. Cada dimensión es plenamente la otra; es decir, la altura puede ser longitud o anchura, la longitud puede ser altura o anchura y la anchura puede ser longitud o altura, según la perspectiva de cada uno. Matemáticamente, las tres unidades de dimensión espacial equivalen a un todo unificado cuando se multiplican: $1 \times 1 \times 1 = 1$. De manera similar, la Trinidad descrita por Jesús es tres personas en un Dios unificado.

2. *Materia.* La materia es una serie de tripletes. Tiene tres estados físicos: sólido, líquido y gaseoso. Además, las sustancias tienen un «punto triple» en el que existen simultáneamente en tres fases (sólido, líquido y gaseoso) en equilibrio a una temperatura y presión específicas.[525] La estructura atómica de la materia está compuesta de protones, neutrones y electrones.[526] El núcleo se mantiene unido mediante mesones, que son los responsables de transmitir fuerzas nucleares de tres tipos: positivas,

negativas y neutras.[527] Toda la materia consta de tres tipos de partículas: leptones, quarks y mediadores.[528] Más tripletes de este tipo se suceden en . la estructura atómica y en toda la naturaleza

Tiempo. El tiempo es una unidad de pasado, presente y futuro. Como ocurre con un Dios trino, el tiempo es uno y tres. Cada componente es distinto, pero cada uno es simultáneamente el otro. El presente es el futuro visto desde el pasado y es simultáneamente el pasado visto desde el futuro: tres en uno. El tiempo es tan intercambiable que Einstein descubrió que la distinción entre pasado, presente y futuro era una ilusión.[529]

Otra cuestión de interés es la naturaleza visible-invisible de Dios. Jesús es el miembro visible de la Trinidad, mientras que el Padre y el Espíritu Santo son invisibles. Esta misma disposición existe en la trinidad de espacio, tiempo y materia, en la que la materia es visible mientras que el espacio y el tiempo son invisibles. Ese patrón se encuentra también en la trinidad humana de cuerpo, mente y espíritu, en la que el cuerpo humano es visible, mientras que la mente y el espíritu son invisibles. Aunque los patrones naturales de tres no prueban que Dios sea una unidad de tres personas, respaldan el concepto.

El apoyo conceptual en la naturaleza no es suficiente; la descripción de Jesús de un Dios trino también debe estar en consonancia con las escrituras judías. Si las palabras de Jesús contradicen el monoteísmo del judaísmo, entonces las autoridades religiosas tenían razón al etiquetarlo de hereje. Por otro lado, si la Biblia hebrea respalda su descripción de tres en uno, las afirmaciones de Jesús se vuelven creíbles.

Armonización con las escrituras hebreas

La Biblia hebrea no menciona directamente un Dios trino. Sin embargo, en todo momento se alude a tres elementos de un Dios monoteísta. Para empezar, las escrituras judías usan la forma plural de la palabra para Dios, *Elohim*, en lugar de la forma singular, *El*. El primer versículo de la Biblia dice: «En el principio *Elohim* [plural] creó los cielos y la tierra».[530]

La forma plural de Dios se usa con frecuencia. Por ejemplo: «Teme a *Elohim* y guarda sus mandamientos»[531] y «Yo soy el SEÑOR su *Elohim*, que los libró de la opresión de los egipcios».[532] Incluso la declaración definitiva del monoteísmo judío repite el patrón: «Escucha, Israel: El SEÑOR nuestro *Elohim* [plural] es el único SEÑOR». (Deuteronomio 6:4) Si Dios hubiera querido describirse a sí mismo como un solo individuo, las escrituras deberían haber dicho: «Escucha, Israel: El SEÑOR nuestro *El* [Dios singular], el SEÑOR es *yachiyd* [solitario]».[533]

Lo que parece un error gramatical deja de serlo si Dios es una unidad de tres personas. «Escucha, Israel: El SEÑOR nuestro *Elohim* [plural], el SEÑOR es *echad* [uno unido[534]]». *Echad* es la misma palabra que se usa para describir el matrimonio: «Por eso dejará el hombre a su padre y a su madre, se unirá a su mujer, y los dos llegarán a ser uno solo [*echad: uno unido*]». (Génesis 2:24)

A continuación, se presentan otros ejemplos de «uno» cuando significa unidad de personas: David «se ganó el aprecio de todos los de Judá, quienes a una voz le pidieron que regresara con todas sus tropas» (2 Samuel 19:14); «Así que todos los israelitas, como un solo hombre, unieron sus fuerzas contra la ciudad» (Jueces 20:11);[535] «Yo les daré *un* corazón sincero y pondré en ellos un espíritu renovado» (Ezequiel 11:19).[536]

Jesús usó una palabra análoga para transmitir el mismo concepto: «Por eso dejará el hombre a su padre y a su madre, se unirá a su mujer y los dos llegarán a ser uno solo. Así que ya no son dos, sino uno solo».[537] (Marcos 10:7–8) Jesús, cuando describió su relación con Dios, usó nuevamente una unidad de personas: «Padre santo, protégelos con el poder de tu nombre, el nombre que me diste, para que sean *uno*, lo mismo que nosotros somos *uno*». (Juan 17:11)

Como confirmación adicional de la naturaleza plural de Dios, las escrituras judías frecuentemente usan pronombres plurales cuando Dios se refiere a sí mismo: «Y Dios dijo: "*Hagamos* al ser humano a *nuestra* imagen y semejanza"». (Génesis 1:26); «Y Dios el SEÑOR dijo: "El ser humano ha llegado a ser como uno de *nosotros*, pues tiene conocimiento del bien y del mal"». (Génesis 3:22); «Será mejor que *bajemos* a confundir su idioma para que ya no se entiendan entre ellos mismos». (Génesis 11:7); «Entonces oí la voz del Señor que decía: "¿A quién enviaré? ¿Quién irá por *nosotros*?"» (Isaías 6:8)

El rostro de Dios

Se pueden encontrar más pruebas de una pluralidad unificada en la declaración de Dios de que nadie podía ver su rostro y vivir.[538] A pesar de este claro pronunciamiento, hay numerosos incidentes en los que algunas personas vieron el rostro de Dios y vivieron.

Antes de la destrucción de las ciudades de Sodoma y Gomorra, tres hombres visitaron a Abraham; dos eran ángeles y el tercero era el SEÑOR.[539] Mientras se preparaban para partir, el SEÑOR le relató a Abraham su intención de destruir las dos ciudades, lo que angustió mucho a Abraham.[540] Abraham preguntó al SEÑOR si exterminaría al justo con el malvado. «¡Lejos de ti el hacer tal cosa!... Tú, que eres el Juez de toda la tierra, ¿no harás justicia?»[541] Abraham estaba cara a cara con Dios, el Juez de toda la tierra, y sin embargo vivió.

Otro encuentro con Dios tuvo lugar cuando el nieto de Abraham vio el rostro de Dios y vivió.

> Entonces le dijo: —Ya no te llamarás Jacob, sino Israel, porque has luchado con Dios y con los hombres y has vencido. —Y tú, ¿cómo te llamas? —preguntó Jacob. Él respondió: —¿Por qué preguntas cómo me llamo? Y en ese mismo lugar lo bendijo. Jacob llamó a ese lugar Peniel, porque dijo: «He visto a Dios cara a cara y todavía sigo con vida». (Génesis 32:28–30)

Otro hombre que vio a Dios fue Moisés. La Biblia afirma que Dios habló con Moisés «cara a cara» como un hombre habla con su amigo.[542] Sin embargo, Moisés no fue herido de muerte. A pesar de la clara declaración de la Biblia de que Moisés se encontró con Dios cara a cara, Moisés formuló la siguiente petición:

> —Déjame ver tu gloria —insistió Moisés. Y el SEÑOR respondió: —Voy a darte pruebas de mi bondad y te daré a conocer mi nombre. Tendré misericordia de quien quiera tenerla y seré compasivo con quien quiera serlo. Pero debo aclararte que no podrás ver mi rostro, porque nadie puede verme y seguir con vida.

Cerca de mí hay un lugar sobre una roca —añadió el SEÑOR—. Puedes quedarte allí. Cuando yo pase en toda mi gloria, te pondré en una hendidura de la roca y te cubriré con mi mano, hasta que haya pasado. Luego retiraré la mano y podrás verme la espalda. Pero mi rostro nadie lo verá. (Éxodo 33:18–23)

Estas incoherencias desaparecen si hay dos personas en la Divinidad, una a quien nadie puede ver y vivir, y otra que habla cara a cara con Abraham, Jacob y Moisés sin causarles la muerte. Este segundo miembro de la Divinidad aparece frecuentemente en la Biblia como el ángel del *SEÑOR*.

El ángel del SEÑOR

Los ángeles transmiten mensajes de Dios, ejecutan sus juicios y transmiten sus bendiciones.[543] Los ángeles Miguel y Gabriel dieron de buena gana sus nombres, pero el ángel del SEÑOR es diferente; no da su nombre:

La mujer fue a donde estaba su esposo y dijo: «Un hombre de Dios vino adonde yo estaba. Por su aspecto imponente, parecía un ángel de Dios. Ni yo le pregunté de dónde venía ni él me dijo cómo se llamaba».

Así que [su esposo] le preguntó al ángel del SEÑOR: «¿Cómo te llamas?, para que podamos honrarte cuando se cumpla tu palabra [respecto al nacimiento de Sansón]». Él respondió: «¿Por qué preguntas cómo me llamo? Es un misterio maravilloso». (Jueces 13:6, 17-18)

La razón de la negativa es significativa: el nombre del ángel es un misterio que está más allá de la comprensión. En otro pasaje, a Jacob, el nieto de Abraham, se le dice que obedezca al ángel de Dios porque el nombre de Dios está en él.[544] No solo el nombre de Dios está en él, sino que el ángel del SEÑOR también tiene el poder de perdonar el pecado, algo que solo Dios puede hacer. El ángel del SEÑOR dijo: «Como puedes ver, ya te he liberado de tu culpa...»[545]

En otras ocasiones, el ángel del SEÑOR se refiere a sí mismo como Dios. Sucedió cuando se apareció a Moisés en una zarza ardiente:

Estando allí, el ángel del SEÑOR se le apareció entre las llamas de una zarza ardiente. Moisés notó que la zarza estaba envuelta en llamas, pero que no se consumía, así que pensó: «¡Qué increíble! Voy a ver por qué no se consume la zarza».

Cuando el SEÑOR vio que Moisés se acercaba a mirar, lo llamó desde la zarza: —¡Moisés, Moisés! —Aquí estoy —respondió.

—No te acerques más —le dijo Dios—. Quítate las sandalias, porque estás pisando tierra santa. Yo soy el Dios de tu padre. Soy el Dios de Abraham, de Isaac y de Jacob.

Al oír esto, Moisés se cubrió el rostro, pues tuvo miedo de mirar a Dios. (Éxodo 3:2–6)

El hablante es identificado como el ángel del SEÑOR *y* Dios. Además, el hablante usa la forma plural de Dios (*Elohim* en lugar de *El*) cuando le ordena a Moisés que se quite las sandalias. Este uso intercambiable de Dios con el ángel del SEÑOR también ocurrió durante el éxodo de Egipto.[546] Y sucedió nuevamente cuando Dios reafirmó su promesa a los hijos de Israel:

El ángel del SEÑOR... dijo: —Yo los saqué a ustedes de Egipto y los hice entrar en la tierra que juré dar a sus antepasados. Dije: «Nunca quebrantaré mi pacto con ustedes»; (Jueces 2:1)

El que habla es el ángel del SEÑOR, pero declara que fue *él* quien selló la alianza por la que se concedió la tierra a los antepasados de Israel, una alianza previamente registrada entre Dios y Jacob.

Otro ejemplo es cuando el ángel del SEÑOR se apareció a Abraham después de que Dios le ordenara sacrificar a su hijo en una colina cerca de Jerusalén. Cuando Abraham estaba a punto de hacer el sacrificio, el ángel de Dios lo detuvo:

El ángel del SEÑOR llamó a Abraham por segunda vez desde el cielo... y dijo: —Como has hecho esto y no me has negado a tu único hijo... Puesto que me has obedecido, por medio de tu descendencia serán bendecidas todas las naciones de la tierra. (Génesis 22:15–18)

El ángel del SEÑOR bendijo a Abraham porque Abraham le había obedecido. Al hacer su promesa de bendecir a todas las naciones a través de Abraham, el ángel del SEÑOR juró por sí mismo, ya que no había nadie más grande por quien jurar. Las palabras y acciones del ángel del SEÑOR, que son indistintamente palabras y acciones de Dios, requieren dos personas en un solo Dios.

El Espíritu Santo

Además de Dios y el ángel del SEÑOR, las escrituras hebreas se refieren a una tercera persona, llamada de diversas maneras, como Espíritu Santo, Espíritu de Dios y Espíritu del SEÑOR. El Espíritu enseña, guía y amonesta al pueblo de Dios. Este Espíritu también se enoja y se entristece. La separatividad del Espíritu aparece en numerosas ocasiones. Por ejemplo: «Y ahora el SEÑOR y Dios me ha enviado con su Espíritu». (Isaías 48:16)[547]

El rey David pidió que Dios no lo alejara de su presencia ni le quitara su Espíritu Santo.[548] El profeta Isaías escribió cómo Dios había enviado su Espíritu Santo entre el pueblo de Israel, pero ellos habían afligido al Espíritu. El profeta Miqueas se refirió al Espíritu del SEÑOR y preguntó si el Espíritu estaba impaciente. Moisés escribió que cuando el Espíritu reposó sobre los ancianos de Israel, ellos profetizaron. El profeta Nehemías dijo que el Espíritu los amonestó. El profeta Ezequiel habló de Dios y del Espíritu que entró en él.[549]

En otra ocasión, «El Espíritu del SEÑOR vino sobre mí y me ordenó proclamar: "Así dice el Señor"». (Ezequiel 11:5) Ezequiel también se refirió a casos en los que el Espíritu lo trajo a la casa del SEÑOR y el Espíritu lo llevó al atrio interior.[550] Moisés escribió que Dios había elegido al hijo de Hur y lo había llenado del Espíritu de Dios.[551]

El libro de Nehemías relata cómo Dios envió su Espíritu para instruir a Israel,[552] y el libro de Samuel explica cómo el Espíritu del SEÑOR abandonó a Saúl debido a su desobediencia.[553] En otro pasaje, el rey David describe a tres personas:

> El *Espíritu del SEÑOR* habló por medio de mí;
> puso sus palabras en mi lengua.
> El *Dios de Israel* habló,
> la *Roca de Israel* me dijo. (2 Samuel 23:2)

El rey David habla del Espíritu del SEÑOR, el Dios de Israel y la Roca de Israel. Es posible que se repitiera para dar más énfasis. Sin embargo, es más probable que David describiera a tres personas.

Cuando las referencias al Espíritu Santo se consideran en su totalidad, junto con la descripción continuada de Dios como un ser plural, el Espíritu Santo emerge como una persona separada dentro de la Divinidad. La separatividad de esta persona continúa en el Nuevo Testamento de la Biblia y es especialmente notable en el bautismo de Jesús:

> Tan pronto como Jesús fue bautizado, subió del agua. En ese momento se abrió el cielo y vio al Espíritu de Dios bajar como una paloma y posarse sobre él. Yuna voz desde el cielo decía: «Este es mi Hijo amado; estoy muy complacido con él». (Mateo 3:16–17)

En este pasaje están presentes las tres entidades: Jesús siendo bautizado, el Espíritu Santo descendiendo como paloma y Dios hablando desde el cielo.

La noche anterior a su crucifixión, Jesús dijo a sus discípulos que Dios enviaría «al Consejero, el Espíritu Santo», para enseñarles todas las cosas y recordarles todo lo que Jesús les había dicho.[554] El apóstol Pablo, que fue educado como judío erudito, reconoció la Trinidad cuando acabó su segunda carta a la iglesia de Corinto con: «Que la gracia del Señor Jesucristo, el amor de Dios y la comunión del Espíritu Santo sean con todos ustedes». (2 Corintios 13:14)

Al mismo tiempo, Pablo afirma claramente que solo hay un Dios.[555] El apóstol Pedro describió a tres personas en la Divinidad en su carta a las iglesias de Asia Menor, de las que dijo que habían sido elegidas por Dios mediante la obra del Espíritu para obedecer a Jesucristo.[556]

Un Uno unificado

Al identificar al SEÑOR, al ángel del SEÑOR y al Espíritu del SEÑOR como tres personas en un solo Dios unificado, Jesús armonizó las anomalías de las escrituras judías, incluida la referencia del profeta Isaías al Mesías como «Dios Poderoso» y «Padre Eterno». (Isaías 9:6)

La afirmación de Jesús de ser parte de la Divinidad es coherente con su declaración de que Abraham se regocijó al verle y da fundamento a su afirmación de que ver a Jesús era ver a Dios. También da significado a la oración de Jesús a Dios: «Y ahora, Padre, glorifícame en tu presencia con la gloria que tuve contigo antes de que el mundo existiera». (Juan 17:5)

Las declaraciones de Jesús sobre Dios están respaldadas por patrones que se encuentran en la naturaleza y armonizan anomalías halladas en las escrituras judías. Da credibilidad a la afirmación de Jesús de ser el Hijo de Dios. Aun así, tal vez sería posible que Jesús no fuera más que un erudito astuto que afirmaba falsamente ser parte de Dios. Si Jesús fuera igual a Dios, cabría esperar que poseyera los rasgos de Dios, como la capacidad de hacer milagros y predecir el futuro.

Capítulo 15

LOS MILAGROS DE JESÚS

Ellos estaban espantados y se decían unos a otros: —¿Quién
es este que hasta el viento y el mar le obedecen?

—Marcos 4:41

Cuando Mahoma anunció que era el profeta de Dios, los escépticos
exigieron pruebas. Querían ver señales y prodigios. Dios podría haber
respaldado a Mahoma con milagros, pero no lo hizo. El mismo requisito se
aplica a Jesús. Cuando afirmó ser el Hijo de Dios, Jesús asumió la carga de
demostrarlo. Jesús respaldó sus afirmaciones realizando una gran cantidad
de milagros, treinta y ocho de los cuales se describen en la Biblia.[557]

Por ejemplo, cuando Jesús perdonó los pecados de un paralítico, los líderes
religiosos se dijeron: «¡Este hombre está blasfemando!». Conociendo sus
pensamientos, Jesús dijo:

> ¿Qué es más fácil, decirle: «Tus pecados quedan
> perdonados» o decirle: «Levántate y anda»? Pues, para
> que sepan que el Hijo del hombre tiene autoridad en la
> tierra para perdonar pecados —se dirigió entonces al
> paralítico—: «Levántate, toma tu camilla y vete a tu
> casa». Y el hombre se levantó y se fue a su casa. Al ver
> esto, la multitud se llenó de temor y glorificó a Dios por
> haber dado tal autoridad a los mortales. (Mateo 9:5–8)

El milagro validó la condición de Jesús como el Ungido de Dios y su
autoridad para perdonar pecados.

Incluso Juan Bautista, en un momento de duda, pidió pruebas. Envió
discípulos a preguntarle a Jesús si él era el Ungido o si deberían esperar a
otro. Jesús podría haber respondido: «Sí, soy yo». En lugar de eso, ofreció
prueba de su identidad describiendo los milagros que había realizado. Jesús
respondió:

> —Vayan y cuéntenle a Juan lo que están oyendo y viendo:
> Los ciegos ven, los cojos andan, los que tienen alguna

enfermedad en su piel son sanados, los sordos oyen, los muertos resucitan y a los pobres se les anuncian las buenas noticias. (Mateo 11:4–5)

Dado que los milagros de Jesús son una evidencia tan importante, requieren examen.

Efecto placebo

Es bien sabido que las personas pueden curarse de dolencias psicosomáticas si creen que están recibiendo una medicina, aunque no sea más que una pastilla de azúcar. Se llama *efecto placebo*. Si la gente creía que Jesús podía curarles, tanto si realmente podía como si no, habrían recibido alivio a través de su palabra o de su tacto. Las curaciones milagrosas de este tipo no probarían la divinidad de Jesús, sino que demostrarían el poder de su personalidad.

Resucitar a los muertos. Los relatos registrados en el Nuevo Testamento describen auténticos milagros. Por ejemplo, los muertos no son susceptibles al poder de sugestión. Las personas conocían bien la muerte en la época de Jesús. A diferencia de hoy, donde la mayoría de los fallecimientos ocurren en hospitales, la muerte llegaba en el hogar con la familia presente. Estos mismos familiares lavaban el cuerpo y lo preparaban para el entierro. Como el *rigor mortis* se producía dos horas después de la muerte y el cuerpo se ponía rígido entre seis y doce horas después, las personas reconocían fácilmente la muerte cuando ocurría.[558]

En tres ocasiones Jesús resucitó a personas de entre los muertos. La primera fue una niña por la que la gente ya estaba de luto. Se rieron cuando Jesús dijo que solo estaba dormida y se quedaron asombrados cuando la resucitó de entre los muertos. La noticia se extendió por toda la región.[559] La segunda fue la del hijo de una viuda al que estaban llevando a su tumba. Cuando Jesús vio la procesión, su corazón se compadeció de la madre y le dijo que no llorara. Cuando Jesús devolvió a su hijo a la vida, la gente se llenó de asombro y alabó a Dios.[560] El tercero fue Lázaro, que había estado en la tumba durante cuatro días cuando Jesús lo resucitó de entre los muertos. Después de este hecho, muchos depositaron su fe en Jesús.[561]

Sanación Remota. Otros que no son susceptibles al efecto placebo son aquellos que no son conscientes de que se está realizando un milagro. Un ejemplo es el de un niño que estaba demasiado enfermo para ser trasladado. Su padre fue a Jesús y le rogó que sanara a su hijo. Sin ir hasta el niño, Jesús accedió a su petición y el niño fue sanado inmediatamente.[562] De nuevo, se produjo una curación a distancia cuando un centurión romano (un comandante de cien soldados) pidió a Jesús que sanara a un siervo que estaba mortalmente enfermo. Jesús empezó a dirigirse al criado cuando el centurión lo detuvo.

—Señor, no merezco que entres bajo mi techo. Pero basta con que digas una sola palabra y mi siervo quedará sano. Porque yo mismo soy un hombre sujeto a órdenes superiores y, además, tengo soldados bajo mi autoridad. Le digo a uno «ve» y va; y al otro, «ven» y viene. Le digo a mi siervo «haz esto» y lo hace.

Al oír esto, Jesús se asombró y dijo a quienes lo seguían: —Les aseguro que no he encontrado en Israel a nadie que tenga tanta fe. …Luego Jesús dijo al centurión: —¡Ve! Que todo suceda tal como has creído. Y en esa misma hora aquel siervo quedó sano. (Mateo 8:8–13)

Enfermedades y defectos físicos. Además, Jesús curó a personas con enfermedades y defectos físicos que claramente no eran psicosomáticos. Por ejemplo, Jesús sanó a once hombres que padecían una enfermedad infecciosa de la piel conocida como lepra.[563] Curó a un hombre con músculos atrofiados que había estado inválido durante treinta y ocho años.[564] Le restauró la mano atrofiada a un hombre,[565] sanó a una mujer con una hemorragia,[566] y restauró la oreja cortada de un hombre.[567] Ninguna de estas condiciones califica como psicosomática, y ninguna podría curarse con un placebo.

Poder sobre la naturaleza. Otros milagros implicaron poder sobre la naturaleza, como convertir el agua en vino,[568] calmar una tormenta,[569] alimentar a cinco mil personas con cinco panes y dos peces,[570] alimentar a otros cuatro mil con siete panes y unos pocos peces,[571] y caminar sobre el agua.[572] Los milagros de Jesús fueron reconocidos como sobrenaturales por quienes los presenciaron y las noticias se difundieron por toda la región, atrayendo multitudes dondequiera que Jesús fuera.[573]

Por su propio poder

La forma en que Jesús realizaba los milagros respaldaba aún más su afirmación de divinidad. Los profetas judíos nunca realizaron milagros en su propio nombre, ni los hacían a voluntad. Los profetas dependían de Dios para que se produjeran acontecimientos milagrosos. Ese no era el caso de Jesús. En consonancia con su afirmación de ser el Hijo de Dios, Jesús hacía milagros a voluntad y con un poder que fluía de él a la persona que estaba siendo sanada. Por ejemplo, cuando una mujer entre la multitud tocó a Jesús y fue sanada, él sintió que salía poder de él.[574] Otro pasaje registra que la gente intentaba tocar a Jesús porque el poder salía de él y los sanaba a todos.[575]

Además, la gran cantidad de milagros que realizó separa a Jesús de los profetas judíos. Los milagros realizados por los profetas, aunque significativos, fueron limitados. Ese no fue el caso de Jesús.

> Jesús recorría toda Galilea enseñando en las sinagogas, anunciando las buenas noticias del reino y sanando toda enfermedad y dolencia entre la gente. Su fama se extendió por toda Siria y le llevaban todos los que padecían de diversas enfermedades, los que sufrían de dolores graves, los endemoniados, los epilépticos y los paralíticos, y él los sanaba. (Mateo 4:23–25)

> Y dondequiera que iba, en pueblos, ciudades o campos, colocaban a los enfermos en las plazas. Le suplicaban que les permitiera tocar siquiera el borde de su manto y quienes lo tocaban quedaban sanos. (Marcos 6:56)

Investigaciones independientes

Las investigaciones contemporáneas confirmaron los milagros de Jesús. Por ejemplo, se realizaron dos investigaciones cuando Jesús curó a un hombre que era ciego de nacimiento. La noticia del milagro se extendió por la ciudad, y los amigos y vecinos del hombre fueron inmediatamente a ver si era cierto. Algunos decían que él era el que había nacido ciego, mientras que otros decían que solo se parecía a él. Para zanjar el asunto, le preguntaron al hombre si era él el que antes era ciego. El hombre dijo que sí.[576]

Los enemigos de Jesús llevaron a cabo una investigación independiente. Los líderes religiosos convocaron al hombre y le exigieron saber cómo había sido sanado. Cuando describió lo sucedido, los fariseos se negaron a creerlo y entrevistaron a los padres del hombre. Sus padres lo identificaron como su hijo y afirmaron que había nacido ciego. No sabían cómo había sido curado y estaban asustados por la investigación. Los fariseos estaban preocupados por las implicaciones del milagro. Si Jesús había sanado a ese hombre, sus seguidores seguirían creciendo. Cuando el hombre les dijo a los fariseos que el sanador venía de Dios, lo echaron de la sinagoga.[577]

Los milagros de Jesús atrajeron a tantos seguidores que las autoridades religiosas temieron que toda la nación lo siguiera. «¿Qué vamos a hacer?" preguntaron los principales sacerdotes. «Este hombre está haciendo muchas señales milagrosas. Si lo dejamos seguir así, todos van a creer en él».[578]

A los jurados modernos se les instruye que, si una de las partes suprime o destruye evidencia intencionalmente, pueden considerar ese hecho y extraer deducciones de las pruebas.[579] Los sacerdotes tenían el motivo y la oportunidad para refutar los milagros de Jesús, pero no pudieron. Entonces decidieron destruir la evidencia, es decir, a Jesús. De las acciones de los enemigos de Jesús un jurado podría concluir que sus milagros fueron poderosos y convincentes.

Fuentes externas

La reputación de Jesús de realizar milagros estaba tan extendida que incluso los registraron fuentes ajenas a la Biblia. El historiador judío Flavio Josefo, un narrador neutral de personajes y acontecimientos históricos, confirma la existencia de Jesús y su reputación de llevar a cabo «hechos sorprendentes».

> En aquel tiempo apareció Jesús, un hombre sabio. Porque era un artífice de hazañas sorprendentes, un maestro de personas que reciben la verdad con agrado. Y ganó adeptos tanto entre numerosos judíos como entre muchos otros de origen griego. Y cuando Pilato, a causa de una acusación hecha por los principales de entre nosotros, lo condenó a la

cruz, los que antes lo habían amado no dejaron de hacerlo. Y hasta el día de hoy no se ha extinguido la tribu de los cristianos (que lleva su nombre).[580]

El Talmud judío, un registro hostil a Jesús, reconoció sus milagros llamándolos hechicería.[581] Los líderes religiosos no podían negar las sanaciones, ya que algunas las habían visto de primera mano y habían investigado otras que no habían visto. Tampoco podían explicarlas. Lo único que podían hacer era atribuirlos a una fuente maligna. Su explicación, sin embargo, carecía de credibilidad, ya que los milagros no eran malévolos y la gente lo sabía. Además, Jesús había expulsado demonios, diez de los cuales se describen en la Biblia.[582] En algunos casos, los demonios reconocieron a Jesús como el Hijo de Dios antes de que él los expulsara.[583]

Los enemigos de Jesús tenían motivos para intentar refutar sus milagros, pero no pudieron. En su lugar, dieron una explicación poco convincente que la gente percibió fácilmente como falsa. Según las reglas modernas de la evidencia, los jurados pueden tener en cuenta la falta de explicación de las pruebas por una de las partes a la hora de extraer conclusiones.[584] En este caso, los numerosos milagros realizados por Jesús validaron sus afirmaciones.

Más que un profeta

Como se señaló anteriormente, las reglas de la evidencia establecen que la identidad de una persona puede determinarse a través de rasgos distintivos.[585] Los milagros son uno de los rasgos distintivos de Dios.

Para autenticar su afirmación de ser el Hijo de Dios, Jesús realizó milagros a voluntad y mediante su propio poder. Muchos pusieron su fe en Jesús gracias a ellos. Dijeron: «Cuando venga el Cristo, ¿acaso va a hacer más señales que este hombre?» (Juan 7:31). Nicodemo, miembro del consejo gobernante judío, dijo: «Rabí, sabemos que eres un maestro que ha venido de parte de Dios, porque nadie podría hacer las señales que tú haces si Dios no estuviera con él» (Juan 3:1–2). Pedro predicó que «Jesús de Nazaret fue un hombre acreditado por Dios ante ustedes con milagros, señales y prodigios, los cuales realizó Dios entre ustedes por medio de él, como bien lo saben» (Hechos 2:22).

La ley exige un examen imparcial de las pruebas y una conclusión basada en la evidencia. Gracias a los milagros presenciados y experimentados por la gente, miles de personas se convirtieron en creyentes, entre ellos muchos líderes religiosos que antes se oponían a Jesús.[586]

Capítulo 16

PROFECÍA CUMPLIDA

Porque nos ha nacido un niño, se nos ha concedido un hijo;
la soberanía reposará sobre sus hombros y se le darán estos nombres:
Consejero Admirable, Dios Fuerte, Padre Eterno, Príncipe de Paz.

—Isaías 9:6

La profecía cumplida es otra forma de establecer la identidad de Jesús. Las escrituras judías contienen cientos de referencias al Ungido de Dios. La palabra hebrea para «Ungido» es *Mesías*; en griego, es *Cristo*.[587] El Antiguo Testamento de la Biblia comienza con la promesa de Dios de enviar a alguien para aplastar la cabeza de la serpiente (Satanás) y termina asegurando que un mensajero anunciaría la llegada del Mesías.[588] Entre medias, hay cientos de referencias al Mesías, con setenta y tres profecías importantes que describen su nacimiento, ministerio y muerte.[589]

Su nacimiento

Los profetas describieron la estirpe del Mesías, es decir, que sería descendiente de Abraham, de la tribu de Judá y de la familia de David.[590] Jesús reunía cada uno de estos requisitos.[591] Además, cumplió la profecía de Miqueas sobre su lugar de nacimiento:

> Pero tú, Belén Efrata, pequeña entre los clanes de Judá,
> de ti saldrá el que gobernará a Israel; sus orígenes son de
> un pasado distante, desde tiempos antiguos. (Miqueas 5:2)

César Augusto propició el cumplimiento de esta profecía al ordenar un censo del Imperio romano. Su decreto exigía que los súbditos regresaran a su hogar ancestral para ser contados. María estaba cerca del final de su embarazo cuando José y ella hicieron el viaje de cien millas desde Nazaret a Belén, un pueblecito a seis millas al sur de Jerusalén.[592] Poco después de su llegada, nació Jesús.

Al igual que César, Herodes el Grande contribuyó al cumplimiento de la profecía. Herodes era un administrador eficiente de la provincia judía, lo cual agradaba a Roma, pero también era un tirano odiado por sus súbditos.

El odio que le profesaban y diversas intrigas palaciegas atormentaron a Herodes con temores de asesinato. Su miedo era tal que asesinó a cualquiera que considerara una amenaza a su trono, incluso a su esposa y dos de sus hijos. La paranoia asesina de Herodes provocó el comentario de César, que dijo que prefería ser el cerdo de Herodes que su hijo.[593] Como judío, Herodes se negaba a comer carne de cerdo, por lo que era más seguro ser el cerdo de Herodes que su hijo.

Ajenos a la paranoia de Herodes, los sabios de Oriente llegaron a Jerusalén en busca del Mesías, el recién nacido rey de Israel. Fueron a ver a Herodes para pedirle ayuda para encontrar al elegido de Dios. Los sacerdotes de Herodes buscaron las escrituras y dirigieron a los visitantes hacia Belén. Tras su partida, Herodes planeó matar al niño. Advertidos de su plan, María y José tomaron a Jesús y huyeron a Egipto. Desconocedor de su fuga, Herodes ordenó matar a todos los niños menores de dos años de Belén.[594] Con sus acciones se cumplió la profecía de Jeremías, según la cual habría «lamentos y amargo llanto» en Belén «porque sus hijos ya no existen». (Jeremías 31:15)

Tras la muerte de Herodes, María y José regresaron a Nazaret, en la región de Galilea, y allí criaron a Jesús. Con su vuelta se cumplió la profecía de Oseas, que decía que el Mesías sería llamado a salir de Egipto, y la profecía de Isaías de que Dios honraría a Galilea, de la cual vendría una gran luz.[595] Así, Jesús cumplió tres profecías sobre el lugar de origen del Mesías. Nació en Belén, salió de Egipto y vivió en Galilea.

Habla con parábolas

Además del linaje, el lugar de nacimiento y los acontecimientos que lo rodearon, los profetas dijeron que hablaría en parábolas, es decir, con historias y metáforas que ilustran verdades espirituales. Jesús era conocido por sus parábolas, cuarenta de las cuales están registradas en la Biblia.[596] Una trata sobre un hijo pródigo que dejó a su padre y gastó su herencia en los placeres del mundo.[597] Cuando se le acabó el dinero y sus amigos lo abandonaron, el hijo regresó a casa para pedir perdón a su padre y suplicar trabajo como sirviente en su granja. En lugar de condenarlo, el padre recibió con alegría a su hijo y lo restituyó a su antigua situación. La parábola ilustraba que los pecadores que buscan el perdón de Dios son recibidos en su reino con gran gozo.

Otra parábola habla de un granjero que esparció semillas en la tierra para la nueva cosecha.[598] Los pájaros se comieron algunas semillas antes de que pudieran germinar. Otras cayeron sobre terreno rocoso y brotaron, pero se marchitaron con el calor porque sus raíces eran poco profundas. Y otras cayeron en buena tierra y se convirtieron en plantas saludables con abundantes cosechas. La parábola ilustra cómo las personas reciben la palabra de Dios de manera diferente. Algunos rechazan su palabra y mueren. Otros la aceptan, pero se alejan de él. Sin embargo, hay quienes la reciben con alegría y producen una abundante cosecha de rectitud.

La fecha de su llegada

Incluso la fecha de la llegada del Mesías fue predicha con suficiente detalle como para que el pueblo de Israel lo estuviera esperando cuando Juan el Bautista regresó del desierto proclamando que el reino de Dios estaba cerca. La fecha había sido descrita por el profeta Daniel más de seiscientos años antes.

Cuando el rey Nabucodonosor capturó el territorio de Judá, Daniel fue deportado a Babilonia. Daniel pasó los siguientes sesenta años de su vida sirviendo como consejero de reyes.[599] Durante ese tiempo, Dios le reveló muchos acontecimientos futuros a Daniel, incluida la llegada de su Ungido. El Libro de Daniel declara:

> Setenta semanas han sido decretadas para que tu pueblo y tu santa ciudad pongan fin a las transgresiones y pecados, pidan perdón por la maldad, establezcan para siempre la justicia, sellen la visión y la profecía y consagren el Lugar Santísimo.

> Entiende bien lo siguiente: Habrá siete semanas desde la promulgación del decreto que ordena la reconstrucción de Jerusalén hasta la llegada del Príncipe Ungido. Luego habrá sesenta y dos semanas más. ...Después de las sesenta y dos semanas se le quitará la vida al Ungido y se quedará sin nada. La ciudad y el santuario serán destruidos por el pueblo de un príncipe que vendrá. (Daniel 9:24–27)

Cuando Daniel pronunció su profecía, tanto Jerusalén como el templo estaban en ruinas. Eso significaba que ambos tenían que ser reconstruidos antes de que pudieran ocurrir los eventos predichos.

Sir Robert Anderson, que fue jefe del Departamento de Investigación Criminal de Scotland Yard, hizo un análisis detallado de la profecía de Daniel en su libro *The Coming Prince*.[600] Según Anderson, cada «siete» del pasaje representa siete años, lo que significa que 483 años después de la orden de reconstruir Jerusalén, llegaría el Ungido de Dios para «expiar la maldad». Posteriormente sería ejecutado, después de lo cual Jerusalén y el templo serían nuevamente destruidos.

El rey Salomón construyó el templo original en el año 960 a. C. En la construcción, que duró siete años, participaron más de ciento ochenta mil trabajadores. Después de su finalización, el templo permaneció en pie durante casi cuatrocientos años. Fue el centro del culto judío hasta que los babilonios saquearon e incendiaron la ciudad. Posteriormente, se construyó un templo más pequeño durante el reinado del rey Ciro y se completó en el año 515 a. C.[601] La reconstrucción del templo cumplía una de las condiciones para la llegada del Mesías. La segunda condición, la reconstrucción de Jerusalén, fue ordenada por el rey Artajerjes en el año 445 a. C.[602]

Según la profecía de Daniel, el decreto del rey fue el punto de partida de la cuenta atrás de 483 años hasta la llegada del Mesías. Precisamente 483 años después, Jesús hizo su entrada triunfal en Jerusalén entre gritos de «¡Hosana! ¡Hosana! ¡Bendito el que viene en el nombre del Señor!» (Mateo 21:9, 15). Entró en la ciudad montado en un asno, con lo que se cumplía la profecía de Zacarías: «Mira, tu rey viene hacia ti, justo, victorioso y humilde. Viene montado en un burro, en un burrito, cría de asna». (Zacarías 9:9)

A los pocos días de su llegada a Jerusalén, Jesús fue arrestado, juzgado por afirmar ser hijo de Dios y ejecutado. La ejecución cumplió la declaración de Daniel de que el Ungido de Dios sería «suprimido».[603] Cumplió una profecía similar de Isaías, según la cual el Mesías sería arrancado de entre los vivos por las transgresiones de su pueblo.[604] Jesús dijo lo mismo acerca de sí mismo antes su crucifixión. Les habló a sus discípulos de su muerte inminente y les explicó que, como buen pastor, daría su vida por su rebaño y entregaría su vida como rescate por muchos.[605]

Los escritores del Nuevo Testamento escribieron que la muerte de Jesús quitó los pecados del mundo al llevarlos en su cuerpo a la cruz, con lo que reconcilió todas las cosas con Dios.[606] Cumplió la declaración de Daniel de que el Mesías expiaría la maldad y la declaración del profeta Isaías de que Dios cargaría nuestros pecados sobre su Ungido.[607] El elemento final de la profecía de Daniel fue la destrucción de Jerusalén y su templo. Antes de su crucifixión, Jesús hizo la misma predicción, aunque con más detalle.

> Te sobrevendrán días [a Jerusalén] en que tus enemigos levantarán un muro, te rodearán y te encerrarán por todos lados. Te derribarán a ti y a tus hijos dentro de tus murallas. No dejarán piedra sobre piedra, porque no reconociste el tiempo en que Dios vino a salvarte.
> (Lucas 19:43–44)

La declaración de Jesús sobre la destrucción del templo no parecía creíble. Herodes el Grande empleó dieciocho mil trabajadores para ampliar el sitio original utilizando gigantescos bloques de piedra para los cimientos de los muros. Los bloques pesaban entre dos y diez toneladas, y había uno que pesaba 415 toneladas. El trabajo fue tan preciso que no se utilizó mortero para construir los muros. Herodes duplicó el tamaño de la terraza y construyó amplios pórticos en tres de sus lados. Uno de los pórticos estaba sostenido por 162 columnas de mármol que medían 27 pies de alto por 4,6 pies de diámetro. Para el templo de dos plantas, se diseñaron enormes pilares de mármol que sostenían las enormes vigas de cedro para la techumbre. Las obras del templo comenzaron en el año 19 a. C. y no se completaron hasta el año 64 d. C., por lo que el proyecto se prolongó durante ochenta y tres años.[608]

Después de la finalización del templo, Jerusalén se rebeló contra la autoridad romana. En respuesta, Tito Vespasiano rodeó la ciudad con las legiones romanas quinta, décima, duodécima y decimoquinta, y construyó terraplenes contra las murallas. Después de un asedio que duró tres años y medio, su ejército arrasó la ciudad y destruyó el templo.[609] El santuario fue demolido de tal forma que no quedó piedra sobre piedra. Solo quedó la base occidental, hoy conocida como el Muro de las Lamentaciones.

La destrucción del templo acabó con cualquier posibilidad de que otra persona pudiera cumplir las profecías de Daniel dentro del plazo establecido por Dios. Además, los musulmanes se apoderaron del lugar en el 688 d. C. y construyeron una mezquita, conocida como la Cúpula de Roca, en el mismo lugar donde antaño se levantaba el templo.[610] La mezquita es el tercer lugar más sagrado de la religión islámica y su existencia ha frustrado cualquier intento de reconstrucción del templo.

Dios con nosotros

El cumplimiento de Jesús de las profecías de Daniel y de las suyas propias añade una credibilidad excepcional a sus repetidas afirmaciones de ser el Hijo de Dios. Únicamente Jesús cumplió todas las profecías mesiánicas de Daniel, Isaías, Zacarías, Oseas, Miqueas y Jeremías. Con el linaje de Jesús, su lugar de nacimiento, los acontecimientos que rodearon su nacimiento y sus parábolas se cumplieron demasiadas profecías como para ser coincidencias. En la fecha predicha, Jesús llegó realizando milagros y afirmando ser el Ungido de Dios, enviado para quitar los pecados del mundo. Luego fue «arrancado» del mundo, a lo que siguió la destrucción de Jerusalén y su templo.

Tal cumplimiento de profecías pronunciadas entre cuatrocientos y ochocientos años antes del nacimiento de Jesús otorga un apoyo notable a su afirmación de ser el anunciado por las escrituras. Para fortalecer aún más su afirmación de ser el Ungido de Dios, Jesús satisfizo los antiguos escritos en lo relativo a su muerte.

Capítulo 17

PRESAGIO DE LA CRUCIFIXIÓN

Como cordero fue llevado al matadero.

—Isaías 53:7

Jesús advirtió repetidamente a sus discípulos que sufriría muchas cosas y sería condenado a muerte,[611] entregado y ejecutado,[612] y que pronto dejaría el mundo para regresar a su Padre.[613] También les dijo cómo moriría. Jesús dijo que irían a Jerusalén, donde sería traicionado, condenado a muerte, burlado, azotado y crucificado.[614]

Las declaraciones de Jesús sobre su inminente muerte son paralelas a las realizadas muchos siglos antes. Las profecías se dividen en dos categorías: (i) *profecías directas* que describen los acontecimientos que rodearon la muerte del Mesías y (ii) *tipos* o *patrones* que presagian esos acontecimientos.

Profecías directas

Entre quinientos y mil años antes, las escrituras judías predijeron que un amigo traicionaría al elegido de Dios por treinta piezas de plata.[615] El dinero acabaría arrojado en el templo y luego se usaría para comprar un campo de alfarero.[616] El Ungido permanecería en pie, en silencio ante sus acusadores[617], que se burlarían y lo insultarían.[618] Los profetas dijeron que sus manos y sus pies serían traspasados[619] y sus vestidos repartidos entre hombres que los echarían a suertes.[620] A pesar de esto, el Mesías intercedería por aquellos que le hicieron daño.[621] Finalmente, estaría «con los ricos» en su muerte.[622] Estas antiguas profecías actúan como una huella digital que identifica al Ungido de Dios.

Así como Jesús cumplió las profecías sobre el nacimiento y el ministerio del Mesías, también cumplió todas las profecías sobre su muerte. Como se registra en el Nuevo Testamento, Judas traicionó a Jesús ante los principales sacerdotes por treinta piezas de plata.[623] Después de su traición, Judas se sintió abrumado por el remordimiento y devolvió el dinero. Cuando los sacerdotes lo rechazaron por ser dinero manchado de sangre, Judas lo arrojó al suelo del templo, salió y se ahorcó.[624] Como el dinero estaba manchado, los sacerdotes se negaron a ponerlo en el tesoro del templo. En lugar de eso, compraron un campo de alfarero como lugar de entierro para los extranjeros.[625]

En su juicio ante Pilato, Jesús permaneció en silencio ante sus acusadores. Pilato, sorprendido, le preguntó: «¿No oyes el testimonio que dan contra ti?» Pero Jesús no respondió, ante el asombro del gobernador.[626] Como Pilato no encontró ninguna falta en Jesús, se negó a condenarlo. Cuando los sacerdotes agitaron al pueblo hasta el punto de provocar disturbios, Pilato autorizó la ejecución de Jesús.[627]

Antes de su ejecución, los soldados se burlaron de él y lo insultaron poniéndole una corona de espinas en la cabeza, escupiéndolo y golpeándolo repetidamente.[628] Durante su ejecución, los soldados atravesaron con clavos las manos y los pies de Jesús. La antigua profecía hebrea de que las manos y los pies del Mesías serían traspasados es digna de mención, ya que los judíos utilizaban la lapidación para las ejecuciones. Consideraban la crucifixión como una forma prohibida de castigo.[629] Por lo tanto, el cumplimiento de esta profecía en Jesús es tan notable como la profecía misma.

Cuando los soldados lo clavaron en una cruz, Jesús tuvo el gesto insólito de interceder por ellos ante Dios:

> Cuando llegaron al lugar llamado la Calavera [Gólgota], lo crucificaron allí, junto con los criminales, uno a su derecha y otro a su izquierda. —Padre —dijo Jesús—, perdónalos, porque no saben lo que hacen.
> (Lucas 23:33–34)

Los antiguos profetas también dijeron que su costado sería traspasado,[630] y eso no formaba parte de una crucifixión. No obstante, Jesús también cumplió esta profecía. Como fue crucificado la víspera del sábado de Pascua, los sacerdotes ansiaban evitar que el cuerpo de Jesús permaneciera en la cruz durante la sagrada celebración. Fueron a Pilato y le pidieron que le rompieran las piernas a Jesús para acelerar su muerte.[631]

El soldado enviado a realizar la tarea descubrió que Jesús ya estaba muerto. Para asegurarse, se colocó debajo de Jesús y le clavó una lanza en el costado izquierdo, provocando un repentino flujo de sangre y agua de la herida.[632] La sangre probablemente procedía del corazón de Jesús. El agua provendría del saco pericárdico que rodea el corazón, que está lleno de un líquido transparente.

Durante la crucifixión, los soldados se dividieron la ropa de Jesús entre ellos y echaron a suertes la quinta prenda.[633]

Dada la rapidez de los acontecimientos que rodearon el arresto, el juicio y la crucifixión de Jesús, no se habían hecho preparativos para su entierro. En esas circunstancias, Jesús debería haber sido enterrado en una tumba anónima junto con los dos ladrones que fueron ejecutados con él. En cambio, José de Arimatea, un hombre rico y admirador de Jesús, fue a Pilato y recibió permiso para enterrar su cuerpo. José bajó a Jesús de la cruz y lo colocó en el sepulcro de su familia, enterrando así a Jesús «con los ricos».[634]

En el espacio de las veinticuatro horas que abarca su traición, arresto, juicio, crucifixión y entierro, Jesús cumplió veintinueve profecías.[635] Es estadísticamente improbable que una persona pudiera haber cumplido incluso un puñado de las antiguas profecías, y mucho menos las veintinueve. Si a esto le sumamos las profecías que Jesús cumplió describiendo el linaje, el lugar de nacimiento, el ministerio y la fecha de la llegada del Mesías, no cabe duda que él era el predicho por las escrituras, el Ungido de Dios, el Mesías.

Como si las profecías directas no fueran suficientes, las escrituras también presagiaron la muerte del Mesías. Esto sucedió en el sacrificio de Abraham de su hijo Isaac.

El sacrificio de Abraham

Gracias a la fe de Abraham, Dios prometió que todas las naciones serían bendecidas a través de sus descendientes. Dios también prometió que Sara, la esposa de Abraham, daría a luz un hijo, aunque era estéril y ya había pasado la edad de tener hijos cuando hizo la promesa. Sara concibió y dio a luz un hijo que ella y Abraham apreciaron como un regalo de Dios. Lo llamaron Isaac, como Dios había ordenado.[636] La pareja crio a su hijo sin incidentes hasta que Dios exigió algo inesperado a Abraham.

Y Dios ordenó: —Toma a tu hijo Isaac, el único que tienes y al que tanto amas, y ve a la región de Moria [cerca del lugar que se convertiría en Jerusalén]. Una vez allí, ofrécelo como holocausto en el monte que yo te indicaré. Abraham se levantó de madrugada y ensilló su asno. También cortó leña para el holocausto y, junto con dos de sus criados y su hijo Isaac, se encaminó hacia el lugar que Dios había indicado... Abraham tomó la leña del holocausto y la puso sobre los hombros de Isaac, su hijo. Él, por su parte, cargó con el fuego y el cuchillo... Cuando llegaron al lugar señalado por Dios, Abraham construyó un altar y preparó la leña. Después ató a su hijo Isaac y lo puso sobre el altar, encima de la leña. Entonces tomó el cuchillo para sacrificar a su hijo...

El ángel del Señor llamó a Abraham por segunda vez desde el cielo y dijo: —Como has hecho esto y no me has negado a tu único hijo, tan cierto como que yo vivo —afirma el Señor... Puesto que me has obedecido, por medio de tu descendencia serán bendecidas todas las naciones de la tierra. (Génesis 22:2–18)

Dios podría haber probado la fe de Abraham de muchas maneras. ¿Por qué eligió esta en particular? La exigencia de Dios era incompatible con su prohibición de los sacrificios humanos.[637] El acontecimiento adquiere significado cuando se compara con la muerte de Jesús.

Los paralelismos son significativos. Tanto Isaac como Jesús fueron prometidos por Dios. Ambos fueron concebidos milagrosamente y Dios eligió sus nombres. Ambos fueron llamados el «único hijo». Ambos llevaban madera sobre sus hombros y ambos fueron tumbados sobre ella. Ambos fueron ofrecidos en una colina cercana a Jerusalén.

Por el sacrificio de Abraham, todas las naciones de la Tierra serían bendecidas, ya que Jesús vendría a través de su linaje. Gracias al sacrificio de Jesús, todas las naciones de la Tierra fueron bendecidas, ya que cargó con los pecados del mundo.[638]

El cordero pascual

Otro presagio es la conmemoración de la Pascua judía. La Biblia describe cómo Moisés se enfrentó al faraón exigiéndole que dejara marchar al pueblo de Dios. Cada vez que el faraón se negó, una plaga diferente azotó a Egipto. La última plaga fue la muerte de los hijos primogénitos de Egipto.[639] Para evitar la plaga final, a los hijos de Israel se les dijo que sacrificaran un cordero y pusieran su sangre en los postes de sus puertas como señal para que el ángel de la muerte «pasara de largo» sus hogares y no les quitara la vida. Después de esta devastadora plaga, el faraón liberó al pueblo de Dios.[640]

Una vez fuera de Egipto, Dios ordenó a su pueblo que celebraran su libertad con la observancia de la «Pascua». En lugar de júbilo y baile, debían observar una ceremonia solemne que requería el sacrificio de un cordero sin defectos.

Cuatro días antes del ritual, cada hogar tenía que traer un cordero macho a su casa para tener tiempo de inspeccionarlo y asegurarse de que no tuviera defectos. Las familias también debían limpiar sus hogares de toda levadura, lo que representaba una limpieza del pecado. Cuando llegaba el momento de sacrificar el cordero, todos los hogares de Israel debían participar. Se les ordenó sacrificar el cordero derramando su sangre sin romper ningún hueso.[641] Por tradición, los corderos se ofrecían a la hora novena (las tres de la tarde).[642]

Al igual que con el sacrificio de Abraham, solo a la luz de los acontecimientos que rodearon la muerte de Jesús la ceremonia adquiere significado. Cada paso del ritual presagia la crucifixión de Jesús.

Limpieza del templo. Cuatro días antes de su ejecución, Jesús entró en Jerusalén y limpió de pecado el templo (la casa de su Padre). El templo se había convertido en un mercado corrupto. Cientos de miles de judíos viajaban a Jerusalén para asistir a las fiestas religiosas. Por una cantidad de dinero, los sumos sacerdotes permitían a los vendedores instalar tiendas en el patio del templo. Se enriquecían vendiendo palomas que se usaban para los sacrificios a precios inflados. Los sacerdotes imponían además a los fieles un tipo de cambio abusivo para las monedas extranjeras, porque todo el dinero que se entregaba al templo tenía que ser la moneda de plata de Tiro.[643] Jesús entró en el templo y volcó las mesas de los cambistas y los bancos de los vendedores de palomas. Los expulsó porque habían convertido la casa de Dios en una cueva de ladrones.[644]

Examinado para detectar defectos. Durante los cuatro días siguientes, los líderes religiosos sometieron a Jesús a escrutinio, buscando algo de lo que acusarle, pero no encontraron nada. Aun así, los sacerdotes prendieron a Jesús poco después de la medianoche sin orden de arresto y sin decirle por qué se lo llevaban. Lo escoltaron hasta Anás, a quien los romanos habían nombrado sumo sacerdote de Israel pero que ya estaba retirado.[645] Aunque no tenía autoridad legal sobre Jesús, Anás lo interrogó acerca de sus enseñanzas. Cuando Jesús respondió que ya conocían sus enseñanzas, los funcionarios lo abofetearon y lo ataron. Aunque Anás no pudo encontrar nada incriminatorio, envió a Jesús a ver a su yerno Caifás, que era en aquella época el sumo sacerdote y juez que presidía el tribunal más alto de Israel.[646]

En cuanto Judas aceptó traicionar a Jesús, es probable que los sacerdotes se pusieran en contacto con posibles testigos para un juicio y, al mismo tiempo, llamaran a los miembros del Gran Sanedrín (un tribunal de setenta y uno)[647] para que permanecieran a la espera. Al enviar a Jesús ante Caifás, Anás eludió el proceso judicial normal al ignorar los dos tribunales inferiores de Israel, el Tribunal Inferior, un tribunal de tres, y el Sanedrín Menor, un tribunal de veintitrés (el tamaño de muchos grandes jurados de los tribunales estadounidenses de hoy).[648]

Aunque Jesús aún no había sido acusado de nada, el Sanedrín se reunió ilegalmente por la noche para escuchar las acusaciones contra él.[649] Según la ley judía, se necesitaban al menos dos testigos para condenar a una persona acusada. Se exigía que los testigos coincidieran en todos los detalles esenciales. Si no era así, el testimonio era rechazado.[650] Muchos testificaron contra Jesús, pero no hubo dos que coincidieran en su testimonio.[651] Jesús permaneció en silencio durante el juicio.[652] Como los testigos se contradecían entre sí, el tribunal no pudo condenar a Jesús por nada. Un frustrado Caifás interrogó directamente a Jesús y le exigió saber si él era el Mesías, el Hijo de Dios. Cuando Jesús dijo que sí, Caifás acusó a Jesús[653] de blasfemia[654] y lo condenó a muerte.[655]

Como solo Roma podía imponer la pena de muerte,[656] los sacerdotes escoltaron inmediatamente a Jesús al palacio de Poncio Pilato, el gobernador romano. Dado que la blasfemia no era un delito según la ley romana, Caifás cambió la acusación contra Jesús de blasfemia a sedición.[657] Aunque estaba fuera de su autoridad, Caifás la cambió unilateralmente porque la sedición contra Roma sí se castigaba con la muerte.

Pilato interrogó a Jesús y les dijo a los sacerdotes que no encontraba fundamento para acusarle.[658] Con la esperanza de obtener un resultado diferente, los sacerdotes escoltaron a Jesús ante el rey Herodes, quien anteriormente ya había encarcelado y ejecutado a Juan el Bautista. A pesar de las numerosas acusaciones contra Jesús, Herodes no encontró nada contra él y envió a Jesús de regreso a Pilato.[659]

Un Pilato irritado reunió a los principales sacerdotes y les dijo por segunda vez que, al igual que Herodes, no encontraba fundamento para sus acusaciones contra Jesús.[660] Cuando Pilato decidió liberar a Jesús, los sacerdotes incitaron a las multitudes hasta el punto de rebelión, exigiendo que Jesús fuera crucificado. Exasperado, Pilato se lavó las manos delante de la multitud y dijo que era inocente de la sangre de Jesús.[661]

Cuando Judas vio que Jesús había sido condenado, se llenó de remordimiento por lo que había hecho, declaró que había traicionado sangre inocente, salió y se ahorcó.[662] Durante la crucifixión, uno de los ladrones condenados con Jesús dijo que Jesús había no ha hecho nada malo. Cuando Jesús murió, un soldado que estaba al pie de la cruz llamó a Jesús un hombre justo.

Jesús cumplió el requisito de la Pascua, que decía que se debía examinar un cordero y, si se encontraba sin defecto, se sacrificaba. También cumplió la profecía de Isaías de que el Mesías sería llevado como cordero al matadero, aunque no había hecho violencia ni había engaño en su boca.[663]

El Pueblo de Israel. Fue el pueblo de Israel, en lugar del gobernador romano, el que exigió que Jesús fuera crucificado. Cuando Pilato se resistió, el pueblo respondió: «Que su sangre caiga sobre nosotros y sobre nuestros hijos», cumpliendo así el requisito de la Pascua de que el pueblo de Israel participara en el sacrificio del cordero.[664] Después, Jesús fue llevado a una colina en las afueras de la ciudad y clavado en una cruz. Durante seis horas, Jesús permaneció colgado de ella con gran sufrimiento. A la hora novena, mientras se sacrificaban los corderos pascuales en todo Israel, Jesús exclamó: «Todo se ha cumplido».[665] Entonces Jesús inclinó la cabeza y exclamó con fuerza: «¡Padre, en tus manos encomiendo mi espíritu!». Después de decir estas palabras, Jesús exhaló su último aliento.[666]

Sin huesos rotos. Aunque a los dos ladrones crucificados con Jesús les rompieron las piernas, ninguno de los huesos de Jesús fue quebrado, satisfaciendo así el requisito de la Pascua de que la sangre del cordero sea derramada sin romper sus huesos.[667]

Al comienzo del ministerio de Jesús, Juan el Bautista se refirió dos veces a Jesús como el Cordero de Dios que quita los pecados del mundo. No fue sino hasta después de la crucifixión que los discípulos de Jesús comprendieron lo que Juan había querido decir. Después de eso, Pablo llamó a Jesús «nuestro cordero pascual»; Pedro escribió que Jesús era un cordero sin mancha ni defecto, y el apóstol Juan se refirió a Jesús como «el Cordero» más de treinta veces en el libro del Apocalipsis. La muerte en sacrificio de Jesús también cumplió la profecía de Zacarías de que Dios eliminaría el pecado de la tierra en un solo día.[668]

Desde los días de la eternidad

Cuando el presagio del sacrificio de Abraham se combina con la ceremonia de la Pascua, ambos acontecimientos proporcionan los detalles y el propósito de la muerte de Jesús. Dios ofreció a su hijo como el cordero inmaculado cuya sangre sería derramada de una vez por todas para liberar a las personas de la esclavitud del pecado. El plan de salvación también se encuentra en una profecía del profeta Isaías, setecientos años antes de la muerte de Jesús:

> Ciertamente él cargó con nuestras enfermedades
> y soportó nuestros dolores,
> pero nosotros lo consideramos herido,
> golpeado por Dios y humillado.
> Él fue traspasado por nuestras rebeliones
> y molido por nuestras iniquidades.
> Sobre él recayó el castigo, precio de nuestra paz
> y gracias a sus heridas fuimos sanados.
> Todos andábamos perdidos, como ovejas;
> cada uno seguía su propio camino,
> pero el SEÑOR hizo recaer sobre él
> la iniquidad de todos nosotros.

Maltratado y humillado,
ni siquiera abrió su boca,
como cordero fue llevado al matadero,
como oveja que enmudece ante su trasquilador,
ni siquiera abrió su boca.
Después de aprehenderlo y juzgarlo, le dieron muerte;
nadie se preocupó de su descendencia.
Fue arrancado de la tierra de los vivientes
y golpeado por la rebelión de mi pueblo.
Se le asignó un sepulcro con los malvados
y con los ricos fue su muerte,
aunque no cometió violencia alguna
ni hubo engaño en su boca.

...mi siervo justo justificará a muchos
y cargará con las iniquidades de ellos...
porque derramó su vida hasta la muerte
y fue contado entre los transgresores.
Cargó con el pecado de muchos
e intercedió por los transgresores.
(Isaías 53:4–12)

Jesús cumplió cientos de profecías detalladas sobre el linaje del Mesías, su lugar de nacimiento, fecha de llegada, ministerio, traición, juicio, crucifixión y sepultura. Al igual que el ADN, las profecías cumplidas identifican a Jesús como el Ungido de Dios.

Jesús, reconociendo el poder autenticador de la profecía, dijo a sus discípulos: «Digo esto ahora, antes de que suceda, para que cuando suceda crean que yo soy» [el Mesías]. (Juan 13:19). La última prueba que apoya la afirmación de que Jesús es el Hijo de Dios es su resurrección, de la que se informó ampliamente tres días después de su crucifixión y sepultura.

Capítulo 18

LA RESURRECCIÓN

Tóquenme y vean; un espíritu no tiene carne ni huesos
—Lucas 24:39

La creencia de que Jesús resucitó de entre los muertos prendió una llama que se convirtió en la mayor religión del mundo. La resurrección es la última prueba que hemos de examinar. El hecho de que Jesús ya no estuviera en la tumba tres días después de su muerte nunca se puso en duda. Sus discípulos dijeron que resucitó de entre los muertos. Sus enemigos afirmaban que su cuerpo había sido robado. Para evaluar adecuadamente las dos afirmaciones, comenzamos con las profecías.

Profecías de la resurrección

Hay dos referencias en el Antiguo Testamento a la resurrección del Mesías. La primera es la declaración del rey David de que Dios no permitiría que su Santo sufriera corrupción.[669] A la luz de las numerosas profecías de que el Mesías moriría, esta declaración era desconcertante: si el Mesías moría, ¿cómo podría evitar la descomposición? Siguió siendo un enigma durante mil años, hasta que a la muerte de Jesús le siguieron informes de su resurrección.

La segunda escritura es un presagio. Aproximadamente ochocientos años antes del nacimiento de Jesús, Dios ordenó al profeta Jonás que advirtiera al pueblo de Nínive que los destruiría si no se arrepentían de su maldad. Nínive era la capital de Asiria, un reino hostil a Israel.[670] Jonás se resistió porque temía que Dios perdonara al enemigo de Israel si la ciudad hacía caso a sus advertencias. Para evitar que esto sucediera, Jonás embarcó y navegó en dirección opuesta.

Cuando una violenta tormenta amenazó con hundir el barco, el profeta le dijo a la aterrorizada tripulación que él tenía la culpa porque estaba huyendo de Dios. Para calmar la feroz tormenta, Jonás ordenó a los marineros que lo arrojaran al mar. Cuando lo hicieron, un gran pez se tragó a Jonás y el mar se calmó. Desde lo más profundo de su tumba de agua, Jonás clamó a Dios pidiendo ayuda. Al tercer día, Jonás fue vomitado en tierra firme. Luego viajó a Nínive, donde proclamó la intención de Dios de destruir la ciudad a causa de su maldad.

Para consternación de Jonás, Dios perdonó a la ciudad cuando todo el pueblo, desde el rey hasta el último habitante, ayunó y oró pidiendo perdón.[671]

Como ocurre con otros presagios, la historia parecía extrañamente fuera de lugar en los textos bíblicos hasta que Jesús le dio significado. Cuando los fariseos le pidieron a Jesús una señal de que él era el Mesías, él les dijo que se les daría la señal de Jonás: «Porque así como Jonás estuvo tres días y tres noches en el vientre de un enorme pez, también tres días y tres noches estará el Hijo del hombre [refiriéndose a sí mismo] en el corazón de la tierra». (Mateo 12:40). En otra ocasión, cuando le pidieron una prueba de su autoridad, Jesús repitió su afirmación de que pasaría tres días en la tumba. «Destruyan este templo [su cuerpo]», respondió Jesús, «y lo levantaré de nuevo en tres días». (Juan 2:19).

Cuando se acercaba el final de su ministerio, Jesús les dijo a sus discípulos que sufriría a manos de los sacerdotes, sería asesinado y al tercer día resucitaría. Cuando Pedro dijo que esto nunca sucedería, Jesús lo reprendió. Le dijo a Pedro que su incomprensión del plan de Dios le ponía en conflicto con la voluntad de Dios. Mientras se acercaban a Jerusalén, Jesús repitió sus advertencias, diciendo a sus seguidores que sería condenado a muerte y entregado a los gentiles para que se burlaran de él, lo azotaran y lo crucificaran, pero al tercer día resucitaría.[672]

Aunque los discípulos de Jesús estaban desconcertados por sus declaraciones, sus enemigos no lo estaban. Tras su muerte, los sacerdotes acudieron a Pilato y le pidieron que se colocaran guardias fuera de la tumba de Jesús. Pilato exigió una explicación por tan inusual petición.

> —Señor —dijeron—, nosotros recordamos que mientras ese engañador aún vivía, dijo: «A los tres días resucitaré». Por eso, ordene usted que se selle el sepulcro hasta el tercer día, no sea que vengan sus discípulos, se roben el cuerpo y digan al pueblo que ha resucitado. Ese último engaño sería peor que el primero.

—Llévense una guardia de soldados —ordenó Pilato—, y vayan a asegurar el sepulcro lo mejor que puedan. Así que ellos fueron, cerraron el sepulcro con una piedra, lo sellaron y dejaron puesta la guardia. (Mateo 27:63–66)

Como los sacerdotes querían guardias solo durante tres días, probablemente tenían la intención de abrir la tumba al tercer día y mostrar el cuerpo de Jesús para demostrar que no era el Mesías. En cambio, en la mañana de ese día, los sacerdotes fueron asediados por los asustados soldados que habían huido de la tumba.[673] Los sacerdotes estaban atónitos. Mientras corrían por Jerusalén los rumores de que Jesús había resucitado de entre los muertos, los sacerdotes dieron a los guardias una gran suma de dinero y les ordenaron: «Digan que los discípulos de Jesús vinieron por la noche y que, mientras ustedes dormían, se robaron el cuerpo».[674]

¿Robo del cuerpo?

No hubo duda de que la tumba de Jesús estaba vacía. Las autoridades religiosas afirmaron que los discípulos habían robado su cuerpo, lo cual era un delito. Para sofocar los rumores de que Jesús había resucitado de entre los muertos, los sacerdotes podrían haber juzgado a los discípulos por robar el cuerpo. El fiscal podría llamar a los guardias al estrado para que testificaran contra los discípulos. El testimonio, sin embargo, adolecería de un grave defecto. Habría sido de la siguiente manera:

P.   Por favor indique su nombre para que conste en acta.

R.   Mi nombre es Marco Casio.

P.   ¿Cuál es su profesión?

R.   Soy soldado del ejército romano.

P.   Como parte de sus funciones, ¿a veces hace guardia?

R.   Sí.

P.   A partir de la tarde del día santo judío llamado Pascua, ¿se le pidió que custodiara una tumba?

R.   Sí.

P.   ¿Había un cuerpo en la tumba?

R.   Sí, los sacerdotes del templo nos hicieron quitar una piedra que cubría la entrada de la tumba para que pudiéramos verificar que había un cuerpo dentro.

P. ¿Cuántos cuerpos había en la tumba?

R. Solo uno.

P. ¿Podría identificar el cuerpo?

R. Sí, era el de un criminal llamado Jesús, que había sido crucificado ese mismo día.

P. ¿Cómo sabe que era Jesús?

R. Yo estaba de servicio cuando lo bajaron de la cruz y lo colocaron en la tumba. Además, los sacerdotes lo llamaban continuamente Jesús y parecían contentos de que estuviera muerto.

P. Una vez identificado el cuerpo, ¿hizo rodar la piedra para tapar la entrada de la tumba?

R. Sí, con la ayuda de otro soldado llamado Titus.

P. ¿Se hizo algo más para asegurar la tumba?

R. La sellamos con arcilla húmeda, sobre la que estampamos un sello romano. Cuando la arcilla se seca, el sello se rompe si se mueve la piedra.

P. ¿Por qué se hizo eso?

R. Para advertir a la gente que no moviera la piedra sin la debida autoridad. Hacerlo expondría a esa persona a graves sanciones legales.

P. ¿Cuáles fueron sus instrucciones sobre cómo custodiar la tumba?

R. Los sacerdotes dieron órdenes estrictas de mantener a todos alejados de la entrada.

P. ¿Había alguna otra manera de entrar o salir de la tumba?

R. No, solo esa entrada.

P. ¿Cuánto tiempo estuvo apostado en la tumba?

R. Tres días.

P. ¿Había otros soldados con usted en la tumba?

R. Sí. Había otros tres soldados en mi guardia.

P. ¿Cuántas guardias se hicieron?

R. Teníamos tres turnos de ocho horas cada uno. El primero fue desde las ocho de la mañana hasta las cuatro de la tarde. El segundo fue desde las cuatro hasta la medianoche y el tercero de medianoche a las ocho de la mañana.

P. ¿Cuál era el suyo?

R. La tercera guardia, desde la medianoche hasta las ocho.

P.   ¿Le sucedió algo al cuerpo que había en la tumba?

R.   Sí, en la mañana del tercer día.

P.   ¿Qué sucedió?

PROTESTO. La pregunta de que el testigo estaba de servicio y observó algo inusual carece de fundamento.

TRIBUNAL: Se acepta.

P.   ¿Estaba usted de servicio la mañana del tercer día?

R.   Sí.

P.   ¿Presenció algo inusual en la tumba?

R.   No.

P.   ¿Por qué no?

R.   Estaba dormido.

P.   ¿Y los otros soldados de su guardia?

R.   Estábamos todos dormidos.

Llegado ese punto, el abogado de la parte contraria se opondría a cualquier testimonio adicional, ya que el testigo no había observado lo ocurrido. El tribunal estaría de acuerdo y ordenaría al fiscal que pasara a una línea de interrogatorio diferente o despidiera al testigo. Sin conocimiento personal de lo sucedido, al soldado no se le permitiría especular sobre el cuerpo desaparecido de Jesús.[675]

¿Estaban dormidos los soldados? Dormir durante el servicio era una grave dejación de las responsabilidades de un soldado. El historiador griego Polibio escribió que los soldados romanos que dormían mientras estaban de servicio sufrían una fuerte paliza que con frecuencia provocaba la muerte. A los que escapaban de la muerte no se les permitía regresar a casa. Como resultado, los soldados romanos eran meticulosos en el desempeño de sus deberes de guardia.[676] Por eso, es muy improbable que los soldados estuvieran dormidos. El relato bíblico parece más probable: los soldados vieron algo que los hizo huir atemorizados.

Como es dudoso que los soldados estuvieran durmiendo, algunos han propuesto que se utilizaron empleados del templo en lugar de soldados. El templo contaba con un gran número de trabajadores, incluidos guardias, para proteger el templo y controlar a las multitudes.[677] Los partidarios de esta teoría argumentan que los guardias del templo habrían sido menos disciplinados que los soldados y más dados a faltar a sus obligaciones, permitiendo así el robo del cuerpo de Jesús. Sin embargo, las acciones de los diferentes actores echan por tierra esta hipótesis. Los sacerdotes no necesitaban el permiso de Pilato para poner a sus propios empleados a vigilar la tumba. Ir a Pilato en busca de aprobación indica que los guardias eran soldados romanos, no empleados del templo. También explica el sello.

La tumba estaba asegurada con un sello, que probablemente era arcilla húmeda colocada donde el borde de la piedra se unía con la pared rocosa del sepulcro. Una vez aplicada, se habría impreso el símbolo imperial romano. El sello era importante, ya que romperlo habría desafiado la autoridad romana y habría dado lugar a represalias contra quienes lo rompieran. También habría tenido consecuencias nefastas para los soldados. Un precinto roto solo podía significar que los soldados habían abandonado sus obligaciones o habían colaborado en el robo del cuerpo. Cualquiera de las dos razones habría supuesto el castigo o la muerte para los guardias. Por lo tanto, el uso de soldados romanos para proteger una tumba sellada garantizaba que nadie pudiera robar el cuerpo.

Un soborno cuantioso. Los acontecimientos del tercer día proporcionan una prueba más de que los guardias eran soldados romanos. Después de que los guardias huyeran de la tumba, los sacerdotes los sobornaron con una gran suma de dinero y prometieron protegerlos de Pilato. Ninguna de estas acciones habría sido necesaria si los guardias hubieran sido empleados del templo. En lugar de un soborno, a los sacerdotes les bastaba con ordenar a los guardias que dijeran que el cadáver había sido robado o perderían su trabajo. Además, los empleados del templo no habrían necesitado la protección de Pilato, ya que el haberse quedado dormidos estando de guardia habría sido un problema entre los sacerdotes y sus empleados, no entre un gobernador romano y los empleados del templo.

El uso de soldados romanos como guardias era completamente diferente. Los sacerdotes no tenían autoridad para ordenarles que mintieran, lo que explica el soborno. El temor de los guardias a Pilato implica que estaban bajo su jurisdicción. Como, en efecto, se les dijo que admitieran el incumplimiento de sus deberes, necesitaban un *gran* soborno *y* protección frente a Pilato. Según la evidencia, la única explicación razonable es que los soldados romanos custodiaban la tumba y algo los hizo huir aterrorizados.

El robo es inverosímil. Aunque los guardias hubieran sido empleados del templo, el robo del cuerpo sigue siendo inverosímil. La intensa aversión de los sacerdotes hacia Jesús y su nerviosismo ante un posible robo hacen probable que advirtieran a los guardias que estuvieran especialmente atentos. Lo último que querían era un cuerpo desaparecido. Por eso, incluso aunque los guardias hubieran sido empleados del templo, habrían estado en alerta máxima, especialmente el tercer día, ya que ese era el día en que Jesús había dicho que resucitaría de entre los muertos.

Para asegurarse de que no se produjera ningún robo, los sacerdotes habrían inspeccionado la tumba, habrían verificado la presencia del cuerpo, habrían sellado la tumba y habrían apostado soldados frente a la entrada. Según Polibio, el contingente normal de guardias romanos era de cuatro soldados por guardia.[678] Este era el mismo número que hacía guardia en la crucifixión.[679] En consecuencia, al menos cuatro soldados habrían bloqueado la entrada y habrían vigilado para que no hubiera intrusos. En tales condiciones, es imposible que los discípulos sortearan a los guardias, usaran una herramienta para romper el sello, quitaran la piedra y se llevaran el cuerpo de Jesús delante de los soldados sin que intentaran detenerlos.

La acusación de robo se hace más improbable por el estado mental y emocional de los discípulos. Después del arresto de Jesús, los discípulos huyeron presas del pánico, negaron conocer a Jesús y se escondieron.[680] Argumentar que de repente encontraron el valor necesario para enfrentarse a soldados armados y robar un cuerpo de una tumba sellada no es plausible.

Ausencia de enjuiciamiento. Una última prueba que socava la acusación de robo es el hecho de que las autoridades religiosas no procesaron a los discípulos. Si hubieran creído que los discípulos habían robado el cuerpo de Jesús, los principales sacerdotes los habrían arrestado. Armados con el testimonio de los soldados, los sacerdotes podrían haber organizado un juicio bien publicitado que habría detenido todas las afirmaciones sobre la resurrección de Jesús. Tuvieron su primera oportunidad cuando los discípulos salieron de su escondite y proclamaron la resurrección de Jesús. Pedro se dirigió con valentía a una gran multitud y les dijo:

> «Pueblo de Israel, escuchen esto: Jesús de Nazaret fue un hombre acreditado por Dios ante ustedes con milagros, señales y prodigios, los cuales realizó Dios

entre ustedes por medio de él, como bien lo saben. Este fue entregado según el determinado propósito y el previo conocimiento de Dios; y por medio de gente malvada, ustedes lo mataron, clavándolo en la cruz. Sin embargo, Dios lo resucitó, librándolo de las angustias de la muerte, porque era imposible que la muerte lo mantuviera bajo su dominio». (Hechos 2:22–24)

Cuando oyeron esto, todos se sintieron profundamente conmovidos y dijeron a Pedro y a los otros apóstoles: —Hermanos, ¿qué debemos hacer? —Arrepiéntase y bautícese cada uno de ustedes en el nombre de Jesucristo para perdón de sus pecados —contestó Pedro. (Hechos 2:37–38)

Los sacerdotes no hicieron nada para impedir que predicaran y tres mil judíos se hicieron seguidores de Jesús.[681]

Los sacerdotes tuvieron otra oportunidad de actuar cuando Pedro y Juan predicaron a la puerta del templo.[682] El capitán de la guardia del templo los llevó ante el sumo sacerdote y los ancianos. En lugar de acusar a los discípulos de robar el cuerpo de Jesús, los líderes religiosos se inquietaron por la curación de un mendigo lisiado en el nombre de un Jesús resucitado. Los sacerdotes conversaron en privado sobre el asunto porque «todos los que viven en Jerusalén saben que ellos [Pedro y Juan] han hecho un milagro evidente, y no podemos negarlo». (Hechos 4:16) En lugar de exigir a los discípulos que revelaran qué habían hecho con el cuerpo de Jesús, las autoridades los liberaron.

Por las acciones de todos, queda claro que Jesús ya no estaba en la tumba. La imposibilidad de robar un cuerpo custodiado por soldados, sumado al hecho de que los sacerdotes no actuaran ante sus acusaciones de robo desacredita completamente la teoría del cuerpo robado. Significa que Jesús resucitó de la tumba como afirmaban los discípulos, o había alguna otra explicación. Se han ofrecido tres teorías para explicar el cuerpo desaparecido: (i) los discípulos fueron a la tumba equivocada, (ii) Jesús conspiró con otros para fingir su muerte, o (iii) Jesús se desmayó en la cruz y fue revivido por el frescor del sepulcro. Cada una de estas explicaciones tiene defectos cruciales.

Teoría n.º 1: La tumba equivocada

En 1907, el teólogo liberal Kirsopp Lake argumentó que, debido a que el área alrededor de Jerusalén estaba plagada de tumbas y los discípulos estaban tan afligidos, fueron a la tumba equivocada. Al encontrarla vacía, creyeron que Jesús había resucitado de entre los muertos.[683]

La explicación de Lake no funciona bien a la luz de la evidencia. Según los relatos de los Evangelios, las mujeres se sentaron frente a la tumba y observaron dónde depositaban a Jesús y cómo lo colocaban dentro de la tumba.[684] En consecuencia, es poco probable que se equivocaran acerca de a qué tumba ir tres días después.

Incluso suponiendo que los discípulos estuvieran confusos, José de Arimatea podría haberlos llevado a la tumba, ya que él era el dueño y había depositado a Jesús en su interior. Además, los sacerdotes conocían la ubicación de la tumba porque la habían sellado y habían apostado soldados frente a ella. Para detener los relatos sobre la resurrección de Jesús, podrían haber organizado una apertura pública de la tumba y haber exhibido el cuerpo de Jesús. El hecho de que no lo hicieran significaba que estaba vacía. Lo único que pudieron hacer los sacerdotes fue afirmar que alguien había robado su cuerpo.

Relatos de testigos presenciales. Incluso suponiendo que todos fueran al lugar de enterramiento equivocado, una tumba vacía no es suficiente para explicar el cambio drástico que se produjo en los discípulos. Ocurrió algo extraordinario que los sacó de su escondite y transformó a los discípulos en valientes defensores de la resurrección de Jesús. Según los escritores del Nuevo Testamento, la aparición de Jesús vivo y sano después de la crucifixión fue lo que provocó la transformación. Los discípulos escribieron que ellos y otros más fueron testigos oculares de un Jesús resucitado:

> A este Jesús, Dios lo resucitó y de ello todos nosotros somos testigos. (Hechos 2:32)

> Mataron al autor de la vida, pero Dios lo levantó de entre los muertos, y de eso nosotros somos testigos. (Hechos 3:15)

> Les anunciamos lo que hemos visto y oído (1 Juan 1:3)

Como explicaron claramente, la creencia de los discípulos en la resurrección de Jesús no se basaba en una tumba vacía, sino en encuentros reales con un Jesús resucitado.

Declaraciones contra sus propios intereses. La confiabilidad del testimonio de los discípulos se puede ver en sus acciones. Según las Reglas Federales de Evidencia, se puede suponer la veracidad del testimonio si perjudica los intereses del testigo.[685] El testimonio veraz se basa en el hecho de que las personas a veces mienten si tienen algo que ganar, pero no si eso perjudica sus intereses. En este caso, al testificar que habían visto a Jesús resucitado, sus discípulos se expusieron a sí mismos y a sus familias a la ruina financiera, el aislamiento social, el odio y la persecución. Como «declaración contra sus intereses», su testimonio tiene un alto grado de confiabilidad.

Contrainterrogatorio. El interrogatorio por la parte contraria ha sido reconocido por la Corte Suprema de los Estados Unidos como el mayor motor jamás ideado para exponer mentiras y producir la verdad.[686] El contrainterrogatorio experimentado por los discípulos fue mucho más intenso que cualquiera que se produzca en los tribunales de justicia de hoy. Los discípulos fueron sometidos a una hostilidad implacable, amenazas y torturas. Si hubieran estado mintiendo, los discípulos se habrían derrumbado bajo la presión. Ninguno de ellos cambió su testimonio.

Declaraciones en el momento de la muerte. Finalmente, las declaraciones hechas en anticipación de la muerte, llamadas «declaraciones al morir», también se consideran dignas de credibilidad.[687] Como se señaló en la decisión de la Corte Suprema de los Estados Unidos *Mattox v. Estados Unidos*, la expectativa de muerte elimina la tentación de la falsedad y asegura la verdad del mismo modo que lo haría cualquier juramento formal.[688] La confiabilidad de las declaraciones al morir también ha sido reconocida por fuentes no jurídicas. William Shakespeare se refirió a su confiabilidad en su obra *El rey Juan*, en la que uno de los personajes afirmaba que no deseaba engañar estando frente a la muerte y que no lo haría antes de reunirse con Dios.[689]

Los discípulos de Jesús fueron a la muerte proclamando su resurrección. La palabra griega mártir significa «alguien que da testimonio».[690] Mártir se convirtió en sinónimo de los primeros discípulos porque se negaron a cambiar su testimonio ante la expectativa de la muerte. La obra *Book of Martyrs* de John Foxe relata el destino sufrido por cada uno de los apóstoles.[691] Andrés, Tadeo y Simón el Zelote fueron crucificados. Pedro fue crucificado cabeza abajo porque se sentía indigno de morir de la misma manera que Jesús. Felipe fue severamente azotado, encarcelado y crucificado. Bartolomé fue golpeado y crucificado. Santiago, el hermano de Jesús que inicialmente le rechazó, fue apedreado hasta morir por predicar a Jesús resucitado.[692] Tomás, que dudaba de los relatos sobre la resurrección de Jesús, estaba proclamando la buena nueva en la India cuando fue asesinado con una lanza por sacerdotes paganos. Mateo y Santiago fueron decapitados. Matías fue apedreado y después decapitado. Pablo, que al principio persiguió a los cristianos y luego escribió gran parte del Nuevo Testamento, fue decapitado.

Enfrentados a la ruina financiera, el aislamiento social, el odio, la persecución, la tortura y la muerte, los discípulos nunca flaquearon. En consecuencia, su relato de un Jesús resucitado es excepcionalmente digno de confianza. Su compromiso inquebrantable no habría sido posible si simplemente hubieran ido a la tumba equivocada.

Teoría n.º 2: Jesús engañó a todos

El cumplimiento de la profecía de Jesús, la tumba vacía y la certeza absoluta de los discípulos de que habían visto a Jesús resucitado son pruebas poderosas de que Jesús resucitó de entre los muertos. En *The Passover Plot*, el erudito liberal Hugh Schonfield ofreció otra explicación. Teorizó que Jesús era un hombre equivocado pero bienintencionado que ideó un elaborado plan para engañar a todos haciéndoles creer que él era el Mesías.[693] Según Schonfield, Jesús manejó los acontecimientos, incluida su crucifixión, para dar la apariencia de que estaba cumpliendo las antiguas profecías. Conspiró con José de Arimatea para recibir una droga mientras estaba en la cruz con el fin de entrar en un trance parecido a la muerte.

El plan requería que José bajara a Jesús de la cruz, tratara sus heridas y lo depositara en la tumba para que Jesús pudiera pretender resucitar de entre los muertos. Según Schonfield, el plan de Jesús salió mal cuando el soldado romano le clavó una lanza en el costado, hiriéndolo mortalmente.

Cuando José rescató a Jesús de la tumba, se recuperó brevemente antes de morir. Después José se deshizo del cuerpo. Al tercer día, los discípulos se sorprendieron al ver la tumba vacía y creyeron que Jesús había resucitado de entre los muertos. Según Schonfield, las apariciones posteriores de Jesús resucitado no fueron más que casos de identidad equivocada. Así, Schonfield explica las profecías cumplidas, la tumba vacía y las apariciones de resurrección.

Robo del cuerpo. El primer defecto de la teoría de Schonfield es su afirmación de que José rescató a Jesús mortalmente herido de una tumba sellada que estaba custodiada por soldados romanos. Schonfield nos quiere hacer creer que, además de burlar a los soldados, romper el sello y mover silenciosamente una gran piedra que bloqueaba la entrada, José revivió a Jesús, lo desenvolvió del sudario y se lo llevó mortalmente herido sin que los soldados se enterasen. El escenario no es plausible. Los guardias, que estaban en alerta máxima, habrían oído y visto a José y lo habrían detenido.

Apariciones tras la resurrección. El segundo defecto es la explicación de Schonfield de las numerosas apariciones tras la resurrección. Su teoría requiere que los familiares, discípulos y amigos de Jesús confundan a Jesús con otro hombre. Esto habría sido posible si los avistamientos hubieran sido breves visiones de una figura oscura en penumbra, pero no fue así. Los avistamientos fueron apariciones prolongadas a plena luz del día durante cuarenta días y a más de quinientas personas, y en algunas ocasiones se vio a Jesús hablando y comiendo con sus discípulos.[694]

Además, no podemos suponer que los discípulos vieron lo que querían ver, ya que habían dudado de las noticias iniciales de la resurrección. Tomás rechazó los avistamientos y dejó en claro que no lo creería a menos que tocara las marcas de los clavos en las manos de Jesús y pusiera su mano en la herida de su costado.[695] Tras la declaración de Tomás, Jesús se le apareció e invitó a Tomás a tocar las marcas de los clavos y la herida. Ver a Jesús no fue un caso de error de identidad. Su aparición hizo que Tomás renunciara a todo lo que poseía, incluida su vida, para predicar la buena nueva de la resurrección de Jesús.

Aspectos médicos de la crucifixión. El argumento más poderoso contra la teoría de Schonfield es la crucifixión misma. Varios médicos que escribieron en *Arizona Medicine* en 1965[696] y en el *Journal of the American Medical*

Association en 1986[697] examinaron la evidencia médica y concluyeron que Jesús no pudo haber sobrevivido a la crucifixión. Después del juicio, Jesús fue despojado de sus vestidos y azotado. Consistió en una dura paliza con un látigo con pequeñas bolas de plomo y afilados trozos de hueso que atravesaron los hombros y la espalda de Jesús.

Los latigazos habrían lacerado la piel de Jesús y habrían rasgado profundamente sus músculos. El sangrado abundante habría dejado a Jesús débil, deshidratado y en estado de shock. Después, los soldados le colocaron una corona de espinas en la cabeza, lo que le habría causado un dolor intenso y una fuerte hemorragia en el cuero cabelludo.

Posteriormente, los soldados golpearon a Jesús en la cara y también lo golpearon en la cabeza con una vara.[698] Sus acciones habrían agravado la conmoción cada vez más profunda en el cuerpo de Jesús.

Luego ataron un travesaño de madera sobre los hombros de Jesús, que se vio obligado a llevarlo hasta su crucifixión. Debido a su estado cada vez más debilitado, Jesús tropezó y cayó al pavimento, causándose más heridas. Su deteriorado estado se puede deducir de la decisión que tomaron los soldados de que otra persona llevara el travesaño por él.

Cuando llegaron al lugar de la crucifixión, los soldados le clavaron clavos de hierro que atravesaron sus muñecas.[699] Después presionaron un pie contra el otro y, con ambos pies extendidos con los dedos hacia abajo, le clavaron un clavo que atravesó el arco de ambos pies. Los clavos habrían presionado los nervios de sus muñecas y pies, provocando un dolor insoportable en los brazos y piernas de Jesús y sumiendo su organismo en un shock aún mayor.

Como tenía los brazos extendidos, Jesús podía inspirar aire hacia sus pulmones, pero no podía exhalarlo. Para respirar, Jesús tuvo que tirar de su peso sobre la punta de sus pies para levantarse lo suficiente y poder exhalar. Esto le habría provocado un dolor punzante en los pies y las piernas, y le habría clavado astillas en la espalda lacerada al frotarse contra la áspera madera.

Las horas de dolor intenso, los calambres musculares, el sangrado y la asfixia parcial intermitente habrían provocado que el pericardio alrededor del corazón de Jesús se llenara de líquido. Habría ejercido suficiente presión sobre su corazón como para hacerlo fallar, provocando la muerte de Jesús en la cruz. Asimismo, habría producido el repentino flujo de sangre y agua que brotó cuando el soldado clavó su lanza en el costado de Jesús.

Si Jesús hubiera tomado una droga para fingir la muerte, la muerte real se habría producido por asfixia en cuestión de minutos. La lanza clavada por el soldado borró toda duda sobre la muerte de Jesús. Hace que el *Passover Plot* (el complot de Pascua) sea imposible.

Teoría n.º 3: Jesús se desmayó

La siguiente teoría contiene muchos elementos del complot de Pascua, pero sin la necesidad de una conspiración. Esta sostiene que Jesús no murió, sino que simplemente se desmayó a causa de la terrible experiencia. Después revivió en el frescor del sepulcro, escapó y se apareció a sus discípulos. Más tarde, Jesús se escondió y nunca más se supo de él. Como las demás teorías, contiene errores garrafales.

Huida de la tumba. Siguiendo las costumbres funerarias judías, Jesús fue envuelto con tiras de lino que contenían especias.[700] *La teoría del desmayo* requiere que un Jesús gravemente herido, en shock por una importante pérdida de sangre y deshidratación, con los brazos inmovilizados a los costados, se libere del sudario de lino y luego aparte la gran piedra que bloqueaba la entrada, demasiado pesada para que la movieran tres mujeres juntas.[701] Si aceptamos este escenario, los soldados se habrían abalanzado sobre Jesús y habrían completado su ejecución mientras salía tropezando de la tumba. Un simple golpe de espada habría matado a un Jesús gravemente herido.

Suponiendo, en aras del argumento, que Jesús ahuyentara de alguna manera a cuatro soldados armados, debemos creer que Jesús, gravemente herido, caminó por el campo con los pies destrozados para encontrar a sus discípulos que estaban escondidos. Aunque estaba al borde de la muerte, debemos creer que los discípulos confundieron a Jesús con el Hijo de Dios resucitado. Es mucho más probable que hubieran buscado ayuda médica urgente para Jesús. La noticia habría corrido por Jerusalén y las autoridades habrían buscado a Jesús y sus discípulos, y los habrían arrestado. Nada de esto sucedió.

Aunque los discípulos hubieran curado a Jesús en secreto y lo hubieran ocultado, no habrían soportado la persecución, la tortura y la muerte por predicar que Jesús había resucitado de entre los muertos cuando sabían que no era así.

Un defecto fatal. El defecto evidente de esta teoría es que dice que Jesús de alguna manera sobrevivió a la crucifixión. Como se analiza en *The Passover Plot*, desmayarse en la cruz le habría producido la muerte por asfixia. Para respirar, las víctimas de crucifixión tenían que levantarse sobre los pies para aliviar la presión de los músculos del pecho cada vez que querían exhalar.[702] De no hacerlo, morían. Precisamente así fue como los soldados aceleraron la muerte de los dos ladrones crucificados con Jesús. Indujeron su asfixia rompiéndoles las piernas.

Si Jesús se hubiera desmayado, su respiración se habría detenido y habría muerto rápidamente. Cuando los soldados llegaron hasta Jesús, ya estaba muerto. Para asegurarse, uno de ellos clavó una lanza en el cuerpo de Jesús y le atravesó el corazón.

Pruebas que corroboran los hechos

Un Jesús resucitado es la única explicación que se ajusta a todos los hechos. La evidencia que corrobora su resurrección son las señales y prodigios que rodearon su crucifixión. Los relatos de los Evangelios afirman que la oscuridad cayó sobre la tierra durante tres horas y que los terremotos azotaron la región mientras Jesús colgaba de la cruz.[703] Según Paul L. Maier, profesor de Historia Antigua de la Universidad Western Michigan, estos eventos fueron documentados por los antiguos griegos y los historiadores romanos:

> [La oscuridad] fue visible en Roma, Atenas y otras ciudades mediterráneas. Según Tertuliano, *Apolgeticus*, xxi, 20, fue un «acontecimiento cósmico» o «mundial». Flegón, un autor griego de Caria que escribió una cronología poco después del año 137 d. C., informó que en el cuarto año de la 202ª Olimpíada (es decir, el 33 d. C.), hubo «el mayor eclipse de sol» y que «se hizo de noche en la hora sexta del día [es decir, el mediodía] de modo que incluso aparecieron estrellas en el cielo. Hubo un gran terremoto en Bitinia y muchas cosas se trastornaron en Nicea».[704]

Diecinueve años después del suceso, el historiador romano Talo escribió sobre la oscuridad y la atribuyó a un eclipse solar. Julius Africanus cuestionó su conclusión porque los judíos celebraban la Pascua durante la luna llena.[705] Según la *Cambridge Encyclopedia of Astronomy*, un eclipse solar solo puede ocurrir durante la fase de luna nueva del ciclo lunar, cuando la luna está entre la tierra y el sol.[706] Por lo tanto, la oscuridad registrada por Talo y Flegón no pudo haber sido un eclipse.

Los relatos de los Evangelios afirman que la oscuridad cayó sobre la Tierra durante tres horas, mucho más que cualquier eclipse.[707] Los eclipses solares duran entre diez segundos y siete minutos y medio, no tres horas. Algo más causó la oscuridad mientras Jesús colgaba de la cruz: una oscuridad tan intensa que, según Flegón, aparecieron estrellas en el cielo.

Evaluación de la evidencia

La muerte y resurrección de Jesús fueron profetizadas tanto por los profetas antiguos como por el mismo Jesús. Es muy probable que los enemigos de Jesús estuvieran presentes cuando murió.

Como Jesús había condenado a los sacerdotes como serpientes e hipócritas, y como había sido acusado de blasfemar a Dios al llamarse a sí mismo Hijo de Dios, los sacerdotes habrían asistido a su crucifixión para tener la satisfacción de ver a Jesús sufrir y morir.

Habrían visto cómo dejaba de respirar, habrían visto al soldado clavar una lanza en el costado de Jesús y el torrente de sangre y agua manando de ella. Y habrían visto cómo bajaban de la cruz su cuerpo sin vida. Por eso los sacerdotes no cuestionaron la muerte de Jesús. Lo único que temían era el robo de su cuerpo. Para asegurarse de que esto no sucediera, apostaron soldados en su tumba. Al cabo de tres días, los sacerdotes sin duda planeaban abrir el sepulcro y mostrar el cuerpo de Jesús.

A pesar de todas sus precauciones, al tercer día ocurrió un acontecimiento tan dramático que los soldados huyeron presas del pánico y tuvieron que ser sobornados para que dijeran que los discípulos habían robado su cuerpo. Silenciar a los soldados no detuvo la avalancha de relatos de testigos oculares sobre un Jesús resucitado. Los informes de su resurrección circularon por todo Jerusalén gracias a un nutrido y creciente número de testigos.

Resumen

Las tres horas de oscuridad que cayeron sobre la tierra mientras Jesús colgaba de la cruz, el terremoto que sacudió Jerusalén cuando murió,[708] la tumba vacía, la avalancha de relatos de testigos oculares, el comportamiento de los discípulos envalentonados y las tímidas acciones de los sacerdotes prepararon el terreno para las conversiones a gran escala al cristianismo que no tardaron en producirse.

Aunque los líderes religiosos tuvieron el motivo, la oportunidad y los medios para arrestar a los discípulos de Jesús y procesarlos por robar su cuerpo, no lo hicieron. Nunca llegaron a arrestar a los discípulos ni los acusaron de robo. Ni siquiera les preguntaron por la tumba vacía. En resumen, los discípulos no se comportaron como hombres que habían robado el cuerpo de Jesús y los líderes religiosos no se comportaron como hombres que creían que su cuerpo había sido robado.

Solo un Jesús resucitado podría haber producido un testimonio ocular irrefutable, haber provocado un cambio drástico en las lealtades y haber inducido conversiones multitudinarias, incluidos muchos sacerdotes.[709] La resurrección fue tan significativa que se convirtió en la piedra angular de las enseñanzas de los discípulos.

> Pues bien, Dios pasó por alto aquellos tiempos de tal ignorancia, pero ahora manda a todos, en todas partes, que se arrepientan. Él ha fijado un día en que juzgará al mundo con justicia, por medio del hombre que ha designado. De ello ha dado pruebas a todos al levantarlo de entre los muertos. (Hechos 17:30–31)

Así como las pruebas aplicadas a las religiones del mundo validan la Biblia como una fuente confiable de enseñanzas acerca de Dios, las mismas pruebas confirman la afirmación de Jesús de ser el Ungido de Dios. Jesús identificó correctamente al único Dios verdadero y armonizó las anomalías acerca de la naturaleza de Dios que aparecen en las escrituras hebreas. Además, Jesús cumplió antiguas profecías y realizó milagros por su propio poder. Finalmente, resucitó de entre los muertos. En conjunto, la evidencia da autenticidad a la afirmación de Jesús de ser el Hijo de Dios.

Capítulo 19

FE, RAZÓN Y PROBABILIDAD

O Dios existe o no existe.
—Blaise Pascal, matemático[710]

U.S. News & World Report examinó la importancia de la fe en la era de razón. La revista describió una antigua parábola judía sobre dos gemelos en el vientre de su madre. Uno creía que les esperaba un mundo donde había montañas, océanos y un cielo lleno de estrellas. Su hermano pensaba que tales ideas eran una tontería. Cuando el «creyente» se vio obligado a atravesar el canal del parto, su gemelo se entristeció por la catástrofe que le había sucedido a su hermano. Fuera del vientre, sin embargo, los padres se regocijaban. Lo que el hermano que seguía en el vientre había presenciado no había sido la muerte, sino el nacimiento.[711] La parábola describe la vida después de la muerte: el paso de esta existencia a una nueva que solo podemos imaginar y debemos asumir con fe.

La fe no sustituye a la razón, ni debería hacerlo. Por otra parte, la fe tampoco debe descartarse como una reliquia del pasado. Fe y razón van de la mano. Einstein reconoció esta relación y escribió que la ciencia sin religión estaba coja, y la religión sin ciencia estaba ciega.[712] Así, la fe sigue siendo una parte esencial de la vida en la era de razón. Vivimos nuestra vida diaria poniendo nuestra fe en cosas que no podemos ver y que a menudo no entendemos.

A lo largo de los siglos, muchos han usado la razón para llegar a la fe. Ese fue el caso del matemático francés del siglo XVII Blaise Pascal. Pascal publicó su primer trabajo matemático a la edad de diecisiete años. Le siguieron trabajos sobre la probabilidad, la presión barométrica, el vacío y la invención de una máquina de calcular, todos los cuales le valieron fama internacional y situaron a Pascal a la cabeza de los intelectuales de su época.[713]

Pascal observó que con Dios no hay término medio: «O Dios existe o no existe».[714] Pascal concluyó que la existencia de Dios merecía investigación porque la muerte amenaza en cualquier momento y, cuando golpea, o dejamos de existir o existimos para toda la eternidad. Si vivimos para toda la eternidad, nuestra existencia transcurrirá en la desdicha separados de Dios o en la felicidad con Dios.[715] Pascal comparó la creencia en Dios con una apuesta. O apostamos que Dios no existe y vivimos sin él, o apostamos que Dios existe y vivimos en consecuencia. La indecisión no es una opción porque tiene el efecto práctico de apostar contra Dios.

Utilizando la probabilidad y la razón, Pascal sopesó los riesgos y beneficios. Observó que todo jugador asume un cierto riesgo a cambio de una ganancia incierta. Si apostamos que Dios existe y ganamos, lo ganamos todo. Para hacer nuestra apuesta, restringimos algunos placeres a corto plazo para ganar una eternidad con Dios. Si perdemos nuestra apuesta y Dios no existe, no perdemos nada significativo. Habremos refrenado algunos deseos a cambio de una vida de fe, honesta, humilde, agradecida y llena de buenas obras.[716]

En la alternativa, si apostamos que Dios no existe y perdemos, las consecuencias son catastróficas. Nos habremos entregado a placeres fugaces a cambio de una eternidad separados de Dios. Puesto que hay que hacer una elección, Pascal eligió a Dios.

En los siglos posteriores a Pascal, la ciencia aumentó drásticamente nuestra certeza de la existencia de Dios. Sin embargo, la ciencia no puede decirnos nada sobre nuestra separación de Dios, la salvación y la eternidad. Para eso acudimos a la Biblia. Las escrituras del Antiguo Testamento contienen la promesa de Dios de enviar un salvador cuyas heridas restaurarían nuestra relación con aquel que nos creó. El profeta Jeremías dijo que llegaría un tiempo en el que el Señor haría un nuevo pacto en el que perdonaría la maldad de la gente y ya no recordaría sus pecados.[717]

La Biblia describe con gran detalle el nacimiento, el ministerio y la muerte de aquel que prometió: unos acontecimientos ya predichos que cumplió Jesús. Hacia el final de su ministerio, Jesús les habló a sus discípulos de su inminente muerte y resurrección. En una ocasión, cuando Jesús advirtió que pronto los dejaría, le dijo Tomás: «Señor, no sabemos a dónde vas: ¿cómo, pues, podemos saber el camino?» Jesús le respondió: «Yo soy el camino, y la verdad, y la vida: nadie viene al Padre, sino por mí». (Juan 14:5–6).

Los discípulos dieron sus vidas proclamando la buena nueva de que Jesús trae salvación a todos los que aceptan su regalo, un regalo que limpia a las personas de sus pecados, los reconcilia con Dios y les otorga vida eterna.[718] El mecanismo para recibir el regalo es extraordinariamente sencillo:

> Porque por gracia ustedes han sido salvados mediante la fe. Esto no procede de ustedes, sino que es el regalo de Dios y no por obras, para que nadie se jacte.
> (Efesios 2:8–9)

> Que si confiesas con tu boca que Jesús es el Señor y crees en tu corazón que Dios lo levantó de entre los muertos, serás salvo. Porque con el corazón se cree para ser justificado, pero con la boca se confiesa para ser salvo... «todo el que invoque el nombre del Señor será salvo».
> (Romanos 10:9–13)

> Y ahora, ¿qué esperas? Levántate, bautízate y lávate de tus pecados, invocando su nombre.
> (Hechos 22:16)

No importa lo sólidas que sean las pruebas de la divinidad de Jesús o la sencillez del camino hacia Dios, sigue exigiendo una decisión por nuestra parte. Como la parábola del granjero que esparció semillas para una nueva cosecha, algunos rechazarán el regalo de Dios y morirán, mientras que otros lo recibirán con alegría y producirán una cosecha abundante en rectitud.[719] Como Pascal, yo elijo recibirlo con alegría.

Notas finales

1 Duncan Steel, *Marking Time: The Epic Quest to Invent the Perfect Calendar* (New York: Wiley & Sons, 2000), 54, 289, 297–298.

2 Ibid., 111.

3 Fred Hoyle, «The Universe: Past and Present Reflections», *Annual Review of Astronomy and Astrophysics*, vol. 20:1–36, (Agosto de 1982): 23, www.annualreviews.org/doi/pdf/10.1146/annurev.aa.20.090182.000245.

4 George Martin Duncan, *The Philosophical Works of Leibnitz* (New Haven: Tuttle, Morehouse & Taylor, 1890), 213.

5 John Warwick Montgomery, *The Law Above the Law* (Minneapolis: Dimension Books, 1975), 85–87.

6 Daniel Defoe, *Robinson Crusoe* (London: William Taylor, 1719).

7 David A. Binder and Paul Bergman, *Fact Investigation: from Hypothesis to Proof* (St. Paul: West Publ., 1984), 81.

8 Ernst Haeckel, *The Riddle of the Universe: At the Close of the Nineteenth Century*, Joseph McCabe, tr. (Success and Prosperity Library, 2019), 15, 158–159, 163, 166.

9 Robert Jastrow, *God and the Astronomers* (New York: Warner Books, 1980), 4, 17, 29.

10 Ibid., 29.

11 Ibid., 42.

12 Helge Kragh, *Cosmology and Controversy: The Historical Development of Two Theories of the Universe* (Princeton: Princeton Press, 1999), 46.

13 George Smoot and Keay Davidson, *Wrinkles in Time* (New York: Avon, 1993), 36–37, 291.

14 Jastrow, *God and the Astronomers*, 43.

15 Smoot, *Wrinkles in Time*, 51.

16 Fred Hoyle, *The Intelligent Universe* (New York: Holt Rinehart, 1984), 237.

17 Smoot, *Wrinkles in Time*, 67–68.

18 Kragh, *Cosmology and Controversy*, 259–263.

19 Loren R. Graham, *Science & Philosophy in the Soviet Union* (New York: Knopf, 1972), 143, 162, fn. 54.

20 Steel, *Marking Time*, 29, 346, 349.

21 «agujero negro», *Oxford Dictionary of Science*, 7ª ed. (Oxford: Oxford University Press, 2017).

22 «Muerte térmica del universo», *Oxford Dictionary of Science*.

23 «Entropía», *McGraw–Hill Encyclopedia of Physics*, 2ª ed. (New York: McGraw–Hill, 1993).

24 Paul Davies, The Fifth Miracle: The Search for the Origin and Meaning of Life (New York: Simon & Schuster, 1999), 51.

25 Isaac Asimov, *The Universe: From Flat Earth to Quasar* (New York: Walker, 1966), 175 (cursiva en original).

26 Alan Lightman, *Great Ideas in Physics* (New York: McGraw–Hill, 2000), 62 (cursiva en original).

27 Hoyle, *The Nature of the Universe* (New York: Harper & Bros., 1950).

28 Ibid., 113–114.

29 Jastrow, *God and the Astronomers*, 104.

30 Alan H. Guth, *The Inflationary Universe: The Quest for a New Theory of Cosmic Origins* (New York: Basic Books, 1997), 248–249.

31 Kragh, *Cosmology and Controversy*, 253.

32 Hoyle, *The Nature of the Universe*, 122–123.

33 Kragh, *Cosmology and Controversy*, 253.

34 Hoyle, *The Nature of the Universe*, 112.

35 Kragh, *Cosmology and Controversy*, 253.

36 Smoot, *Wrinkles in Time*, 86.

37 Jastrow, *God and the Astronomers*, 4–5, 8–11.

38 Kragh, *Cosmology and Controversy*, 355.

39 Ibid., 348.

40 Steven Weinberg, *The First Three Minutes: A Modern View of the Origin of the Universe*, Ed. actualizada. (New York: Basic Books, 1993), 154.

41 Guth, *The Inflationary Universe*, 26, fn.

42 Michael D. Lemonick, «Adventures in Antigravity», *Time*, 7 de agosto de 2000, 74; Michael D. Lemonick, «Einstein's Repulsive Idea», *Time*, 16 de abril de 2001, 58–59.

43 Robert Lee Hotz, «Scientists Calculate Most Precise Age Yet for Universe», *Los Angeles Times*, 26 de mayo de 1999, A21.

44 Stephen Hawking, *A Brief History of Time* (New York: Bantam, 2017), 141.

45 Ibid., 141–142.

46 Gregg Easterbrook, «What Came Before Creation», *U.S. News and World Report*, 20 de julio de 1998, 44–52.

47 «Navaja de Occam, también navaja de Ockham». *Merriam–Webster's Collegiate Dictionary*, 11ª edición (Springfield: Merriam–Webster, Inc., 2020).

48 John North, *The Norton History of Astronomy and Cosmology* (New York: Norton & Co., 1995), 280.

49 Hawking, *A Brief History of Time*, 146.

50 Haeckel, *The Riddle of the Universe*, 178.

51 «Teoría del caos», *Wikipedia* (editada por última vez el 18 de noviembre de 2023), https:// en.wikipedia.org/wiki/Chaos_theory.

52 Smoot, *Wrinkles in Time*, 135.

53 Sir Fred Hoyle, *The Origin of the Universe and the Origin of Religion* (Wakefield: Moyer Bell, 1993), 18.

54   Roger Penrose, *The Emperor's New Mind: Concerning Computers, Minds, and the Laws of Physics*, ed. rev. (New York: Oxford Univ. Press, 2016), 410–412.

55   Davies, *The Mind of God*, 81, 195.

56   Ibid.

57   Max Jammer, *Einstein and Religion: Physics and Theology* (Princeton: Princeton University Press, 1999), 148.

58   Hawking, *A Brief History of Time*, 131.

59   George Greenstein, *The Symbiotic Universe* (New York: William Morrow, 1988), 26–27.

60   Max Planck, Werner Heisenberg, Erwin Schrodinger y Paul Dirac, por nombrar algunos; Antony Flew, *There is a God: How the World's Most Notorious Atheist Changed His Mind* (New York: HarperOne, 2007), 103.

61   Michael J. Behe, *Darwin's Black Box* (New York: Free Press, 1996).

62   George Wald, «The Origin of Life», *Scientific American* (agosto de 1954), 48.

63   Jeremy Rifkin, *Algeny* (New York: Viking Press, 1983), 153.

64   Ibid., 154.

65   William A. Dembski, *The Design Inference: Eliminating Chance Through Small Probabilities* (Cambridge: Cambridge Univ. Press, 2005), 55–66.

66   Francis Crick, *Life Itself: Its Origin and Nature* (New York: Simon and Schuster, 1981), 88, 117–129.

67   Fred Hoyle y Chandra Wickramasinghe, *Evolution from Space: A Theory of Cosmic Creationism* (New York: Touchstone, 1981), 51–52.

68   Francis S. Collins, *The Language of God: A Scientist Presents Evidence for Belief* (New York: Free Press, 2006), 2.

69   ABC News, *Famous Atheist Now Believes in God*, www.abcnews.go.com/US/wireStory?id'315976, 9 de dic. de 2004.

70   Robert Dicke, «Dirac's Cosmology and Mach's Principle», *Nature* 192, 440–441 (1961). https://doi.org/10.1038/192440a0.

71   Michael J. Denton, *Nature's Destiny* (New York: Free Press, 1998), 16, 387.

72   Smoot, *Wrinkles in Time*, 293.

73   Ibid., 296.

74   Dembski, *The Design Inference*, 59.

75   Penrose, *The Emperor's New Mind*, 441–444.

76   LiveScience, julio de 2021; https://www.livescience.com/how–many–atoms–in–universe.html.

77   Paul Davies, *The Accidental Universe* (Cambridge: Cambridge University Press, 1982), 110.

78   Davies, *The Mind of God*, 16.

79   Lester J. Cappon, ed., *The Adams–Jefferson Letters* (Chapel Hill: Univ. of N. Carolina Press, 1987), 591–592 (carta del 11 de abril de 1823 de Thomas Jefferson a John Adams).

80   ABC News, *Famous Atheist Now Believes in God*, www.abcnews.go.com/ US/wireStory?id'315976, 9 de dic. de 2004.

81   Mike Clary, «Adrift in the Heavens, Glenn Reasserts Faith in God», *Los Angeles Times*, 2 de noviembre de 1998, A12.

82   Jastrow, *God and the Astronomers*, 105–106.

83   C.S. Lewis, *Surprised by Joy* (San Diego: Harcourt Brace & Co., 1955), 226.

84   George H. Smith, *Atheism: The Case Against God* (Amherst: Prometheus, 1989), 9–10.

85   E. Haldeman–Julius, *The Militant Agnostic* (Amherst: Prometheus, 1995), 13.

86   Smith, *Atheism*, 12.

87   «Conservación de la energía», *McGraw–Hill Encyclopedia of Physics*.

88   Lightman, *Great Ideas in Physics*, 55.

89   Lucretius, *The Way Things Are* (Bloomington: Indiana Univ. Press, 1969), Libro I, líneas 141–171.

90   Peter Coveney and Roger Highfield, *The Arrow of Time: A Voyage Through Science to Solve Time's Greatest Mystery* (New York: Fawcett Columbine, 1991), 17.

91   «Causalidad», *McGraw–Hill Encyclopedia of Physics*.

92   Shirley MacLaine, *Going Within: A Guide for Inner Transformation* (New York: Bantam Books, 1991), 305.

93   James E. Strick, *Sparks of Life: Darwinism and the Victorian Debates over Spontaneous Generation* (Cambridge: Harvard Univ. Press, 2000).

94   Ernst Haeckel, *The History of Creation: Or the Development of the Earth and its Inhabitants by the Action of Natural Causes*, Vol. I (1880) (Ontario: Briar Bird, 2018), 199.

95   George Wald, «The Origin of Life», *Scientific American*, 1 de agosto de 1954, 46.

96   Richard Dawkins, *The Selfish Gene* (Oxford: Oxford Univ. Press, 1999), vi.

97   «An Interview with Isaac Asimov» *Free Inquiry*, Paul Kurtz, ed. (Primavera de 1982, vol. 2, no. 2), 9.

98   Aldous Huxley, *Ends and Means* (London: Chatto & Windus, 1937), 271–273.

99   Rifkin, *Algeny*, 244.

100   Lewis Carroll, *Alice Through the Looking–Glass* (London: Macmillan, 1872).

101   Lewis, *Surprised by Joy*, 228–229, 237.

102   Ibid., 226.

103   Encuesta internacional sobre creencias religiosas de WIN/Gallup (10 de abril de 2017); https:// www.gallup–international.bg/en/36009/ religion–prevails–in–the–world/.

104   Jammer, *Einstein and Religion*, 148–149.

105 «Karma», *The Oxford Dictionary of World Religions*, John Bowker, ed. (New York: Oxford Univ. Press, 1997), 535.

106 Kaushitaki Upanishad 1.2.

107 Manu Smrti 5.164, 11.50; *The Laws of Manu*, trans., Wendy Doniger con Brian K. Smith (London: Penguin Books, 1991).

108 *Encyclopedia of the World's Religions*, R.C. Zaehner, ed. (New York: Barnes & Noble, 1997), 244.

109 «Varna», *The Encyclopedia of Eastern Philosophy and Religion* (Boston: Shambhala, 1994), 400.

110 «Varna», *The Encyclopedia of Eastern Philosophy and Religion.*

111 «Intocables», *The Oxford Dictionary of World Religions.*

112 *The Upanishads*, Juan Mascaro, tr. (New York: Penguin, 1965), 14.

113 David S. Noss, Blake R. Grangaard, *A History of the World's Religions*, 13ª ed. (Boston: Pearson, 2012), 97–99.

114 Ibid., 99.

115 «Avidya», *The Encyclopedia of Eastern Philosophy and Religion.*

116 Madhu Bazaz Wangu, *Hinduism* (New York: Facts on File, 1991), 38–40.

117 «Deidades hindúes», *Wikipedia*, (última edición https://en.wikipedia.org/wiki/Hindu deities.

118 Noss, *A History of the World's Religions*, 107.

119 Ibid., 144.

120 «Nirvana», *The Oxford Dictionary of World Religions*; también «Atman», *The Encyclopedia of Eastern Philosophy and Religion.*

121 Akira Sadakata, *Buddhist Cosmology: Philosophy and Origins* (Tokyo: Kosei Publ., 1997), 25.

122 «Samsara», *The Oxford Dictionary of World Religions.*

123 «Nirvana», *The Oxford Dictionary of World Religions.*

124 «Salvación», *The Oxford Dictionary of World Religions.*

125 Noss, *A History of the World's Religions*, 153.

126 Karl Jaspers, *Socrates, Buddha, Confucius, Jesus* (San Diego, Harvest, 1962), 37.

127 Zaehner, *Encyclopedia of the World's Religions*, 275–277, 284, 291–292. El Noble camino óctuple consiste en ocho prácticas: visión correcta, determinación correcta, hablar correcto, actuar correcto, medio de vida correcto, esfuerzo correcto, consciencia del momento correcta y meditación correcta. El Noble camino óctuple se representa con la Rueda del dharma, en la cual los ocho rayos representan los ocho elementos del camino.

128 J.C. Cooper, *Chinese Alchemy: Taoism, the Power of Gold, and the Quest for Immortality* (San Francisco: Weiser Books, 2016), 1.

129 Noss, *A History of the World's Religions*, 234.

130 Max Kaltenmark, *Lao Tse and Taoism* (Stanford: Stanford Univ. Press, 1969), 66.

131 Paula R. Hartz, *Taoism* (New York: Facts on File, 1993), 63.

132 Cooper, *Chinese Alchemy*, 1.

133 «Tao–chia» y «Tao–chiao», *The Encyclopedia of Eastern Philosophy and Religion*.

134 Cooper, *Chinese Alchemy*, 107–121.

135 Zaehner, *Encyclopedia of the World's Religions*, 377.

136 Benjamin Lee Gordon, M.D., *Medicine Throughout Antiquity* (Philadelphia: F.A. Davis Co., 1949), 361.

137 Cooper, *Chinese Alchemy*, 37.

138 «Nei–tan», *The Encyclopedia of Eastern Philosophy and Religion*.

139 Cooper, *Chinese Alchemy*, 95, 99, 100–101.

140 Gordon, *Medicine Throughout Antiquity*, 361.

141 Chang Po–tuan, *Understanding Reality: A Taoist Alchemical Classic*, Thomas Cleary, tr. (Honolulu: Univ. of Hawaii Press, 1987), 15.

142 Wouter J. Hanegraaff, *New Age Religion and Western Culture: Esotericism in the Mirror of Secular Thought* (New York: Univ. of NY Press, 1998), 1.

143 Ibid., 10–12.

144 Ibid., 47, 54–55, 338–343.

145 Ibid., 338–343.

146 Ibid., 351, 339–343.

147 Ibid., 262.

148 Shirley MacLaine, *Dancing in the Light* (New York: Bantam, 1985), 356.

149 Hanegraaff, *New Age Religion and Western Culture*, 85–86.

150 Scott Cunningham, *Wicca: A Guide for the Solitary Practitioner* (Woodbury: Llewellyn Publ., 2022), ix–x.

151 Ibid., 10, 35, 44, 49.

152 Ibid., 73.

153 Raymond Buckland, *Wicca for Life: The Way of the Craft—from Birth to Summerland* (New York: Kensington, 2001), 19, 220–221.

154 Cunningham, *Wicca*, 5, 11.

155 Susan J. Palmer, *Aliens Adored: Raël's UFO Religion* (New Brunswick: Rutgers Univ. Press, 2004), 20.

156 Hanegraaff, *New Age Religion and Western Culture*, 95–99.

157 Stephen J. Hedges, «*www.masssuicide.com*,» *U.S. News & World Report*, 7 de abril de 1997, 30.

158 «What Our Purpose is—The Simple 'Bottom Line», descargado del sitio web Heaven's Gate, conservado en *www.sunspot.net/news/special/heavensgatesite/intro.htm*, 3 de junio de 2000.

159 «Last Chance to Advance Beyond Human», descargado del sitio web Heaven's Gate, conservado en *www.sunspot.net/news/special/heavensgatesite/ lastchnc.htm*, 3 de junio de 2000..

160 Por ejemplo, Barbara Hand Clow, *The Pleiadian Agenda: A New Cosmology for the Age of Light* (Rochester: Bear & Co., 1995), y Raël, *Intelligent Design: Message from the Designers* (Nova Distribution, 2005).

161 Raël, *Intelligent Design*, 153, 247, 262.

162 Aaron Zitner, «Clones, Free Love and UFOs», *Los Angeles Times*, 5 de marzo de 2002, A1.

163 Ibid., A12.

164 Palmer, *Aliens Adored*, 23.

165 27 de diciembre de 2002, rueda de prensa en Hollywood, Florida, anunciando la clonación con éxito de un ser humano.

166 Raël, *Intelligent Design*, 247.

167 Salmos 78:39.

168 Eclesiastés 9:5–6.

169 Salmos 14:3; Proverbios 20:9; Eclesiastés 7:20.

170 Eclesiastés 12:14.

171 Isaías 43:11; 2 Crónicas 7:14.

172 Levítico 17:11.

173 Flavius Josephus, *The Works of Josephus, Complete and Unabridged*, «The Wars of the Jews», William Whiston, tr. (Peabody: Hendrickson, 2022), 6.4–6.5.

174 *The World's Religions*, Sir Norman Anderson, ed. (Grand Rapids: Eerdmans, 1980), 63, 68.

175 Robert M. Seltzer, *Jewish People, Jewish Thought: The Jewish Experience in History* (New York: Macmillan, 1980), 294–295.

176 The Temple Institute: https://templeinstitute.org/.

177 Hebreos 9:27.

178 Romanos 3:23, 6:23.

179 Hebreos 9:22.

180 Hebreos 7:27.

181 Mateo 26:27–28.

182 Hebreos 8, 9, 10.

183 Juan 3:36.

184 Caesar E. Farah, *Islam* (USA: Barron's, 7ª ed., 1965), 3.

185 Noss, *A History of the World's Religions*, 478.

186 Corán 21:94, 16:97, 18:107.

187 Reglas Federales de Evidencia, regla 602.

188 «Hinduismo», *The Encyclopedia of Eastern Philosophy and Religion*, 130.

189 Zaehner, *Encyclopedia of the World's Religions*, 218.

190 Wangu, *Hinduism*, 19–20.

191 «Vedas», *The Encyclopedia of Eastern Philosophy and Religion*.

192 Zaehner, *Encyclopedia of the World's Religions*, 220–221.

193 «Atman», «Brahman», «Upanishads», *The Encyclopedia of Eastern Philosophy and Religion.*

194 «Bhagavad–Gita», *The Encyclopedia of Eastern Philosophy and Religion.*

195 «Veda», *The Oxford Dictionary of World Religions.*

196 Zaehner, *Encyclopedia of the World's Religions*, 269.

197 «Buda», *The Oxford Dictionary of World Religions.*

198 Madhu Bazaz Wangu, *Buddhism: World Religions* (New York: Facts on File, 2002), 22.

199 «Cuatro Nobles Verdades», *The Encyclopedia of Eastern Philosophy and Religion.*

200 Karen Armstrong, *Buddha* (New York: Penguin, 2001), xx, xxvi.

201 Ibid.

202 John T. Catoir *World Religions: Beliefs Behind Today's Headlines* (New York: St. Pauls, 2003), 98.

203 «Yin–yang», *The Encyclopedia of Eastern Philosophy and Religion.*

204 Zaehner, *Encyclopedia of the World's Religions*, 375.

205 Hartz, *Taoism*, 25, 61.

206 Ibid., 39–41.

207 Hanegraaff, *New Age Religion and Western Culture*, 23, 27–28.

208 J. Gordon Melton, *New Age Encyclopedia* (Detroit: Gale Research, 1990), xv.

209 Amber Laine Fisher, *Philosophy of Wicca* (Toronto: ECW Press, 2002), 38.

210 Palmer, *Aliens Adored*, 22–23.

211 Raël, *Intelligent Design*, 94.

212 Palmer, *Aliens Adored*, 31.

213 Raël, *Intelligent Design*, 222.

214 Génesis 12:2–3, 15:18–21, 17:4–8, 22:17–18, 26:3–6.

215 Génesis 26, 28:1–17.

216 Génesis 35:9–12.

217 Éxodo 2:1–10.

218 Éxodo 3.

219 Éxodo 19:4–6.

220 «Judío» (término) *Wikipedia* (editado por última vez el 1 de agosto de 2023), https://en.wikipedia. org/wiki/Jew_(word); Con la destrucción del reino del norte de Israel, el reino de Judá se convirtió en el único estado judío, y el término *Y'hudi* se aplicó a todos los israelitas. Con el paso del tiempo, los europeos modificaron el nombre a *judío.*

221 Mateo 3:1–2.

222 2 Timoteo 3:16.

223 Farah, *Islam*, 36, 38–39, 71, 81, 87, 103.

224 Reglas Federales de Evidencia, regla 602: Un testigo solamente podrá declarar sobre un asunto si se presentan pruebas suficientes para apoyar la conclusión de que el testigo tiene conocimiento personal del asunto.

225 Christopher Mueller and Laird Kirkpatrick, *Evidence* (Boston: Little, Brown & Co., 1995), 554.

226 «De oídas», *Black's Law Dictionary* (6ª ed., 1990).

227 Reglas Federales de Evidencia, regla 804(a)(5)(A): Se considera que un declarante no está disponible como testigo si se ausenta del juicio o la audiencia y el proponente de la declaración no ha podido, mediante un proceso u otros medios razonables, conseguir la comparecencia del declarante.

228 «Credibilidad», *Black's Law Dictionary* (6ª ed., 1990).

229 David A. Binder, *Fact Investigation: From Hypothesis to Proof* (St. Paul: West Publ., 1984), 138.

230 Jammer, *Einstein and Religion*, 148–149.

231 Hawking, *A Brief History of Time*, 23, 49, 119.

232 «biogénesis», *Oxford Dictionary of Science*.

233 Hoyle, *The Nature of the Universe*, 123.

234 Dawkins, *The Selfish Gene*, 59.

235 Penrose, *The Emperor's New Mind*, xv–xvi.

236 *The Upanishads*, Juan Mascaro, 12.

237 Zaehner, *Encyclopedia of the World's Religions*, 229.

238 Zaehner, *Encyclopedia of the World's Religions*, 220.

239 «Deidades hindúes», *Wikipedia*, (editado por última vez el 29 de octubre de 2023), https:// en.wikipedia.org/wiki/Hindu deities

240 «Trimurti», *The Encyclopedia of Eastern Philosophy and Religion*.

241 «Brahmanismo», *The Encyclopedia of Eastern Philosophy and Religion*; Rig Veda 10.129.6.

242 Zaehner, *Encyclopedia of the World's Religions*, 220.

243 R. C. Zaehner, trans. & ed., *Hindu Scriptures* (New York: Knopf, 1992), xvii.

244 «Brahman», *The Oxford Dictionary of World Religions*.

245 «Brahman», *The Encyclopedia of Eastern Philosophy and Religion*.

246 Zaehner, *Encyclopedia of the World's Religions*, 263.

247 Jaspers, *Socrates, Buddha, Confucius, Jesus*, 25.

248 «Budismo» y «Mahabrama», *The Oxford Dictionary of World Religions*.

249 Zaehner, *Encyclopedia of the World's Religions*, 275.

250 Sadakata, *Buddhist Cosmology*, 71, 125.

251 Zaehner, *Encyclopedia of the World's Religions*, 293.

252 Jaspers, *Socrates, Buddha, Confucius, Jesus*, 36–37.

253 Sadakata, *Buddhist Cosmology*, 127.

254 Zaehner, *Encyclopedia of the World's Religions*, 296, 301.

255 Ibid., 305, 307, 312, 317.

256 Wangu, *Buddhism*, 58.

257 Hartz, *Taoism*, 8.

258   «Tao», *The Encyclopedia of Eastern Philosophy and Religion.*

259   Zaehner, *Encyclopedia of the World's Religions*, 376, 381–382.

260   Hanegraaff, *New Age Religion and Western Culture*, 139, 187.

261   MacLaine, *Dancing in the Light*, 420.

262   Melton, *New Age Encyclopedia*, xvii.

263   Marilyn Ferguson, *The Aquarian Conspiracy* (Los Angeles: J.P. Tarcher, 1980), 383.

264   MacLaine, *Dancing in the Light*, 257, 358.

265   Hanegraaff, *New Age Religion and Western Culture*, 154.

266   White, *Wicca*, 93–94.

267   Ibid., 96.

268   Raël, *Intelligent Design*, 153, 239–240, 245, 312.

269   Palmer, *Aliens Adored*, 81, 100.

270   Raël, *Intelligent Design*, 253.

271   Ibid., 205–206.

272   Génesis 1:1.

273   Daniel 6:26.

274   Jeremías 32:17.

275   Salmos 139:1–6, 147:5; Proverbios 15:3.

276   Salmos 139:7–8.

277   Isaías 43:10, 44:6, 44:24, 45:5, 46:9–10.

278   Jeremías 10:10.

279   Dios siente amor (1 Juan 4:8, Juan 3:16, Jeremías 31:3), odio (Proverbios 6:16; Salmos 5:5, 11:5), envidia (Éxodo 20:5, Josué 24:19), alegría (Sofonías 3:17, Isaías 62:5, Jeremías 32:41), aflicción (Génesis 6:6, Salmos 78:40) y compasión (Salmos 135:14, Jueces 2:18, Deuteronomio 32:36).

280   Éxodo 3:15.

281   La Nueva Versión Internacional de la Biblia usa la palabra «SEÑOR» en mayúsculas siempre que aparece el nombre personal de Dios «YHWH» en el texto original.

282   Corán 6:1, 13:16, 59:24.

283   Ibid., 13:16.

284   Ibid., 20:8, 59:22.

285   Ibid., 25:58, 112:3.

286   Ibid., 2:284, 13:16, 59:23.

287   Ibid., 3:4, 6:3, 6:59, 24:64.

288   Ibid., 4:108.

289   Ibid., 2:255, 3:2.

290   Farah, *Islam*, 38, 95.

291   «Alá», *The Oxford Dictionary of World Religions.*

292   Binder, *Fact Investigation,* 133.

293   «Autenticación», *Black's Law Dictionary* (6ª ed., 1990).

294 «Jonestown», *Wikipedia* (editado por última vez el 19 de julio de 2023), https://en.wikipedia.org/wiki/Jonestown#:~:text=Jonestown%20became%20internationally%20infamous%20when,the%20incidents%20at%20those%20locations.

295 Tony Perry, Michael Granberry and Anne–Marie O'Connor, «39 Dead in Apparent Suicide», *Los Angeles Times*, 27 de marzo de 1997, A.

296 Ibid.

297 Reglas Federales de Evidencia, 901(b)(4).

298 Zaehner, *Encyclopedia of the World's Religions*, 220.

299 «Siddhartha Gautama», *The Encyclopedia of Eastern Philosophy and Religion*.

300 Ibid.

301 Zaehner, *Encyclopedia of the World's Religions*, 270.

302 Ibid., 265.

303 Armstrong, *Buddha*, xx.

304 Noss, *A History of the World's Religions*, 244.

305 Huston Smith, *The World's Religions* (New York: HarperCollins, 1991), 196.

306 MacLaine, *Dancing in the Light*, 420.

307 Cunningham, *Wicca*, 22.

308 White, *Wicca*, 107.

309 Palmer, *Aliens Adored*, 201.

310 Ibid., 193.

311 Farah, *Islam*, 43, 69.

312 Ibid., 2:118, 6:37, 6:110, 13:7, 17:90, 29:50.

313 Ali Dashti, *Twenty Three Years*, F.R.C. Bagley, tr. (Costa Mesa: Mazda, 1994), 47.

314 Dashti, *Twenty Three Years*, 43, 44, 47.

315 Ibid., 2, 66–68.

316 Corán 10:37.

317 «Corán», *The Oxford Dictionary of World Religions*.

318 Dashti, *Twenty Three Years*, 51.

319 Ibid., 48.

320 Ibid., 49–51.

321 Hitti, *History of the Arabs*, 124–125.

322 Farah, *Islam*, 86–87.

323 Corán 28:9; Éxodo 2:5–10.

324 Corán 4:163; Génesis 10:1, 10–26.

325 Farah, *Islam*, 87.

326 Corán 11:42–43, 21:76.

327 Ibid., 2:29, 79:27–30.

328 Ibid., 10:92, 28:40, 17:103, 43:55.

329 Dashti, *Twenty Three Years*, 83.

330   Corán 2:106.

331   Salman Rushdie, *The Satanic Verses* (New York: Picador USA, 1988).

332   Clifton Daniel, editor, *20th Century Day by Day*, American Edition (London: Dorling Kindersley, 2000), 1326.

333   *AP News*, 12 de agosto de 2022; https://apnews.com/article/salman-rushdie- attacked-9eae99aea82cb0d39628851ecd42227a.

334   Corán 5:33–34.

335   Dashti, *Twenty Three Years*, 44, 65.

336   Ibid., 47, 91, 97–100.

337   Corán 2:190–194.

338   Dashti, *Twenty Three Years*, 47, 97, 100.

339   Corán 4:74, 3:157, 3:168, 3:171, 22:58–59, 37:48.

340   Ergun M. Caner y Emir F. Caner, *Unveiling Islam* (Grand Rapids, Kregel, 2002), 193.

341   Robin Wright, «The Chilling Goal of Islam's New Warriors», *Los Angeles Times*, 28 de diciembre de 2000, A12.

342   Roland Jacquard, «The Guidebook of Jihad», *Time*, 29 de octubre de 2001, 58.

343   11 de septiembre de 2001.

344   Jeffery L. Sheler, «Of Faith, Fear, and Fanatics», *U.S. News & World Report*, 24 de septiembre de 2001, 56; Corán 9:5.

345   Yossi Klein Halevi, «Islam Must Challenge Its Dark Doctrines», *Los Angeles Times*, 13 de septiembre de 2001, B9.

346   Richard Boudreaux, «Clerics Say Religion No Basis for Terror», *Los Angeles Times*, 6 de octubre de 2001, A4.

347   Solomon Moore, «Fiery Words, Disputed Meaning», *Los Angeles Times*, 3 de noviembre de 2001, B20.

348   Elizabeth Mehren, «Reid Says He Tried to Blow Up Plane», *Los Angeles Times*, 5 de octubre de 2002, A13.

349   «2023 Hamas attack on Israel», *Wikipedia* (editado por última vez el 19 de noviembre de 2023), https://en.wikipedia.org/wiki/2023 Hamas attack on Israel.

350   «Hamas Charter», *Wikipedia* (editado por última vez el 7 de noviembre de 2023), https://en.wikipedia.org/wiki/Hamas Charter.

351   «Israel's Demiseisa Divine Promise», *Memri* (6 de noviembre de 2023), https://www.memri.org/reports/article–qatari–daily–israels–demise–divine–promise.

352   Paul G. Breckenridge, Jr., ed., *California Jury Instructions, Civil*, 8ª ed. (St. Paul: West Publ., 1994), BAJI 2.02.

353   2 Reyes 5:7.

354   2 Reyes 5:15.

355   1 Reyes 17:24.

356 «magia», *Merriam–Webster's Collegiate Dictionary.*

357 Deuteronomio 18:10–12.

358 1 Reyes 13:6.

359 Randall Price, *The Stones Cry Out* (Eugene: Harvest House, 1997), 263.

360 Éxodo 4:1–5, 5:1–2.

361 Éxodo 8:19.

362 1 Reyes 18:21–29.

363 Reglas Federales de Evidencia, regla 901(b)(4).

364 Augustine, *The Confessions*, Philip Burton, tr. (New York: Alfred Knopf, 2001), 11.14.17, 271.

365 Hawking, *A Brief History of Time*, 49.

366 Richard Morris, *Time's Arrows: Scientific Attitudes Toward Time* (New York: Touchstone, 1986), 121, 208.

367 Ibid., 158–159. Este fue el concepto utilizado en la película de 1968 *El planeta de los simios* protagonizada por Charlton Heston. El astronauta interpretado por Heston creyó que había viajado a otro planeta. Sin embargo, aterrizó en una Tierra del futuro gobernada por simios, en lugar de humanos.

368 Para más información, véase los siguientes: William Lane Craig, *Time and Eternity* (Wheaton: Crossway Books, 2001); Clark Pinnock, et al., *The Openness of God* (Downers Grove, InterVarsity Press, 1994); Bruce A. Ware, *God's Lesser Glory* (Wheaton: Crossway Books, 2000); Norman L. Geisler, *The Battle for God* (Grand Rapids: Kregel, 2001); Gregory E. Ganssle, ed., *God & Time* (Downers Grove: InterVarsity Press, 1989); William Lane Craig, *The Only Wise God* (Eugene: Wipf and Stock, 2000); Douglas Wilson, edit., *Bound Only Once* (Moscow, Idaho: Canon Press, 2001); Clark Pinnock, *Most Moved Mover* (Grand Rapids: Baker, 2001).

369 California experimenta aproximadamente quinientos terremotos anuales, lo suficientemente fuertes como para que sus residentes los sientan.

370 Herodotus, *The Histories*, Robin Waterfield, tr. (New York: Oxford Univ. Press, 1998), 1.53, 1.86.

371 Mary Bringle, *Jeane Dixon: Prophetess or Fraud?* (New York: Tower Publ., 1970), 17, 43.

372 Hanegraaff, *New Age Religion and Western Culture*, 35.

373 Ibid., 353.

374 Si bien ha habido desplazamientos de los polos magnéticos de la Tierra en el pasado y es probable que vuelva a suceder en el futuro, estos no se produjeron dentro del marco temporal establecido por Cayce.

375 Raël, *Intelligent Design*, 292.

376 Corán 4:3.

377 Ibid., 70:29–30.

378 Ibid., 33:50.

379 Dashti, *Twenty Three Years*, 123, 132–133, 123.

380 Q.I. Hingora, *The Prophecies of the Holy Qur'an* (Pakistan: SH. Muhammad Ashraf, 1997), 41, 49, 55, 121, 123.

381 Ibid., 133.

382 Ibid., 108–109.

383 Ibid., 135.

384 Esto sucedió en la Tormenta del Desierto de la Guerra del Golfo de 1990-1991.

385 Esto ocurrió en noviembre de 2001, cuando el partido gobernante talibán fue expulsado del poder gracias a los bombardeos continuados de aviones de guerra estadounidenses y británicos, junto con tropas terrestres de la Alianza del Norte.

386 J. Barton Payne, *Encyclopedia of Biblical Prophecy* (Grand Rapids: Baker Books, 1973), 13.

387 Deuteronomio 18:10–12.

388 Daniel 2:27–28.

389 Isaías 42:19; 1 Reyes 12:22; Amós 3:8, 7:14–15; Eclesiastés 9:12, 10:14; Jeremías 20:9.

390 2 Crónicas 18:13.

391 Números 22:1–18, 22:38.

392 Ezequiel 13:3, 13:6, 13:9; Deuteronomio 18:20–22.

393 Las referencias a la ciudad de Tiro están tomadas de los siguientes: D. J. Wiseman, *Nebuchadrezzar and Babylon: The Schweich Lectures* (Oxford: Oxford Press, 1985); Quintus Curtius Rufus, *The History of Alexander*, John Yardley, tr. (London: Penguin Books, 1984); Diodorus of Sicily, *The Library of History: Books XVI.66–XVII*, C. Bradford Welles, tr. (Cambridge: Harvard Univ. Press, 1997); William L. Rodgers, *Greek and Roman Naval Warfare* (Annapolis: Naval Institute Press, 1964); J.F.C. Fuller, *The Generalship of Alexander the Great* (1989 Da Capo Press reprint of: New Brunswick: Rutgers Univ. Press, 1960); Theodore Ayrault Dodge, *Alexander* (New York: Da Capo Press, 1996); Michael Wood, *In the Footsteps of Alexander the Great* (Berkeley: Univ. of Calif. Press, 1997); Wallace B. Fleming, *The History of Tyre* (New York: Columbia Univ. Press, 1915); Agnes Savill, *Alexander the Great and His Time* (New York: Banes and Noble, 1993); Paul Bentley Kern, *Ancient Siege Warfare* (Bloomington: Indiana Univ. Press, 1999); Peter Green, *Alexander of Macedon, 356–323 B.C.* (Berkeley: Univ. of Calif. Press, 1992); Maurice Chehab, *Tyre: History, Topography, Excavations* (Beirut: Editions Librairies Antoine); L. Sprague de Camp, *Great Cities of the Ancient World* (New York: Doubleday, 1972); Nina Jidejian, *Tyre Through the Ages* (Beirut: Dar El–Mashreq, 1969); and Nicholas C. Flemming, *Cities in the Sea* (New York: Doubleday, 1971).

394 Adaptación de una ilustración de Frank Martini, cartógrafo, Departamento de Historia, Academia Militar de los Estados Unidos.

395 Ezequiel 28:2.

396 Los profetas de Dios condenaron a Jezabel por descarriar al pueblo. En respuesta, Jezabel comenzó a matar a los profetas de Dios. Por la maldad de Jezabel, Elías anunció el juicio de Dios que declaraba que sería devorada por los perros. La profecía se cumplió catorce años después, cuando Jezabel fue arrojada desde su balcón a la calle, donde fue pisoteada por caballos y devorada por perros. (*The Works of Josephus*, «The Antiquities of the Jews», 8.13; 1 Reyes 16–21; 2 Reyes 9; Isaías 23:8–9; Ezequiel 28:1–10.)

397 Ezequiel 26:7–11.

398 «Tyre Coast Nature Reserve», *Wikipedia* (editado por última vez el 14 de julio de 2021), https:// en.wikipedia.org/wiki/Tyre_Coast_Nature_Reserve.

399 Mueller and Kirkpatrick, *Evidence*, 1135. [FRE 901(B)(4)]. Un escrito puede autenticarse por su contenido u otras características distintivas. Esta forma de autoautenticación reconocida por las FRE 902 permite autenticar una prueba documental basándose únicamente en su contenido.

400 Rig Veda 10.82.

401 Ibid., 10.72.

402 Ibid., 10.90.

403 Ibid., 10.129.

404 Zaehner, *Hindu Scriptures*, xv.

405 Sadakata, *Buddhist Cosmology*, 12, 109, 143–157, 183.

406 *Tao Te Ching*, Stephen Mitchell, tr. (New York: Harper Perennial, 1988), 2, 34.

407 Hanegraaff, *New Age Religion and Western Culture*, 139, 305–306.

408 MacLaine, *Dancing in the Light*, 355.

409 Hanegraaff, *New Age Religion and Western Culture*, 230.

410 White, *Wicca*, 93.

411 Raël, *Intelligent Design*, 155, 245, 253.

412 Palmer, *Aliens Adored*, 35.

413 Corán 7:54, 10:3, 11:7, 25:59, 32:4, 50:38 y 57:4.

414 Ibid., 41:9–12.

415 Ibid., 3:59.

416 Ibid., 11:61.

417 Ibid., 15:26.

418 Ibid., 16:4, 75:37.

419 Ibid., 19:67.

420 Ibid., 21:30.

421 Ibid., 96:1–2.

422 Éxodo 2:10.

423 Lewis Spence, *Ancient Egyptian Myths and Legends* (Digireads.com Publ., 2021), 14–15, 138.

424 Jastrow, *God and the Astronomers*, 3–4.

425　Gerald L. Schroeder, *The Science of God: The Convergence of Scientific and Biblical Wisdom* (New York: Free Press, 2007), 23, 26.

426　J.A. McWilliams, *Cosmology, A Text for Colleges* (New York: Macmillan, 1936), 4.

427　Jeremías 33:22.

428　https://www.astronomy.com/science/astro–for–kids–how–many–stars–are–there–in–space/.

429　Zolar, *The History of Astrology* (New York: Arco Publ., 1972), 16–18.

430　*The Shape of the World* (London: Philip Ltd., 1991), 38.

431　Lloyd A. Brown, *The Story of Maps* (New York: Dover, 1977), 22, 24–25.

432　Job 26:7; Isaías 40:22.

433　Salmos 8:8, Isaías 43:16.

434　Charles Lee Lewis, *Matthew Fontaine Maury: The Pathfinder of the Seas* (Annapolis: US Naval Institute, 1927), 98–99.

435　2 Samuel 22:16, Salmos 18:15, Job 38:16.

436　Leonard Engel, *The Sea* (New York: Time Inc., 1961), 55–56.

437　Rig Veda 5.83.

438　Job 36:27; Eclesiastés 1:7.

439　*Encylopedia Britannica* (2023), www.britannica.com/biography/ Pierre–Perrault.

440　«Vayu», *The Oxford Dictionary of World Religions*.

441　H. Howard Frisinger, *The History of Meteorology: to 1800* (Boston: American Meteorological Society, 1983), 123, 125.

442　Eclesiastés 1:6.

443　Henry E. Sigerist, *A History of Medicine, Volume II* (New York: Oxford Univ. Press, 1987), 154–155, 169.

444　Gordon, *Medicine Throughout Antiquity*, 325.

445　Ibid., 322, 329.

446　Ibid., 324.

447　Ibid., 357–359.

448　Cooper, *Chinese Alchemy*, 46.

449　*Jews and Medicine: Religion, Culture Science*, Natalia Berger, ed. (Philadelphia: Jewish Publication Society, 1995), 16.

450　Ibid., 217.

451　Henry E. Sigerist, *A History of Medicine, Volume I: Primitive and Archaic Medicine* (New York: Oxford Univ. Press, 1951), 267–290.

452　Gordon, *Medicine Throughout Antiquity*, 255.

453　Alfred North Whitehead, *Science and the Modern World* (New York: The Free Press, 1967), 3–4, 12.

454　Ibid., 12.

455　Davies, *The Mind of God*, 76–77.

456 Walter Isaacson, «Who Mattered and Why» *Time*, 31 de diciembre de 1999, 60.

457 Morris, *Time's Arrows*, 10–11, 21–23.

458 Paul Davies, *About Time: Einstein's Unfinished Revolution* (New York: Touchstone, 1996), 38.

459 «En el principio Dios creó» (Génesis 1:1); «La palabra que yo he proclamado lo condenará en el día final» (Juan 12:48).

460 Morris, *Time's Arrows*, 23, 84–85.

461 «Pruebas corroborativas», *Black's Law Dictionary* (6ª ed., 1990).

462 Amina Memon, Aldert Vrij and Ray Bull, *Psychology and Law: Truthfulness, Accuracy and Credibility* (London, McGraw–Hill, 1998), 6.

463 Binder, *Fact Investigation: From Hypothesis to Proof*, 141.

464 Amina Memon, Aldert Vrij and Ray Bull, *Psychology and Law: Truthfulness, Accuracy and Credibility* (London, McGraw–Hill, 1998), 8.

465 Barry B. Powell, *Classical Myth*, 9ª ed. (New York: Oxford, 2021), 4–5.

466 *The Upanishads*, «Kena Upanishad», Parte 3.

467 Wangu, *Buddhism*, 70.

468 «Escuelas budistas», *The Oxford Dictionary of World Religions*.

469 «Budismo», *The Oxford Dictionary of World Religions*.

470 Wangu, *Buddhism*, 59–61.

471 Ibid., 60, 65.

472 «Escrituras budistas», *The Oxford Dictionary of World Religions*.

473 Armstrong, *Buddha*, xii, xvii.

474 «Lao–tzu», *The Encyclopedia of Eastern Philosophy and Religion*.

475 Kaltenmark, *Lao Tse and Taoism*, 9.

476 Ibid., 12–15.

477 Hanegraaff, *New Age Religion and Western Culture*, 27.

478 Farah, *Islam*, 84, 97–98.

479 Ibid., 98–99.

480 «Biblia», *Nelson's Illustrated Bible Dictionary: New and Enhanced Edition*, Ronald F. Youngblood, ed. (Nashville, Thomas Nelson, 2014).

481 «Torá», *The Oxford Dictionary of World Religions*.

482 Nelson Glueck, *Rivers in the Desert* (New York: Farrar, Straus and Cudahy, 1959), 31.

483 Joseph P. Free, *Archaeology and Bible History*, rev. by Howard F. Vos (Grand Rapids: Zondervan, 1992), 108.

484 Josué 2–6.

485 Price, *The Stones Cry Out*, 152-153.

486 Joseph P. Free, *Archaeology and Bible History*, rev. by Howard F. Vos (Grand Rapids: Zondervan, 1992), 200–201.

487 Ibid., 201.

488 Blaise Pascal, *Pensees* (New York: Penguin Books, 1995), 73.

489 Albert Einstein, *Ideas and Opinions* (New York: Three Rivers, 1982), 40.

490 *Famous Atheist Now Believes in God*, Associated Press, Dec. 9, 2004.

491 Deuteronomio 6:4; Éxodo 3:14; Isaías 59:1–2; Génesis 22:15–18; Isaías 52:13, 53:12.

492 Isaías 40:3.

493 Malaquías 3:1.

494 El profeta Amós vaticinó el silencio: «Vienen días», afirma el Señor y Dios, «en que enviaré hambre al país; no será hambre de pan ni sed de agua, sino hambre de oír las palabras del Señor. La gente vagará sin rumbo de mar a mar; andarán errantes del norte al este, buscando la palabra del Señor, pero no la encontrarán». (Amós 8:11–12).

495 Mateo 3:5; Marcos 1:5.

496 Juan 1:23.

497 Juan 1:19–23; Lucas 3:16.

498 Juan 3:26–30.

499 Juan 11:48; Mateo 23:23–36.

500 Juan 11:50; Lucas 22:4–5; Mateo 26:57–66; Marcos 14:64; «Sanedrín», *Nelson's Illustrated Bible Dictionary*.

501 Juan 18:38–19:18; Mateo 27:57–66; Lucas 24:1–3.

502 Alvin J. Schmidt, *Under the Influence: How Christianity Transformed Civilization* (Grand Rapids: Zondervan, 2001), 26.

503 Ibid., 27.

504 Schmidt, *Under the Influence*, 28–31.

505 Ibid., 33.

506 «Principales grupos religiosos», *Wikipedia* (editado por última vez el 5 de septiembre de 2023), https:// en.wikipedia.org/wiki/Major religious groups.

507 Para un estudio exhaustivo del impacto que tuvo Jesús en la cultura occidental, véase Alvin J. Schmidt, *Under the Influence: How Christianity Transformed Civilization* (Grand Rapids: Zondervan, 2001).

508 Hechos 1:6, Mateo 20:20–27, Lucas 24:21, Juan 14:9.

509 Juan 10:30.

510 Lucas 4:21.

511 Juan 4:25–26, 5:39, 5:46.

512 Juan 11:27.

513 Mateo 16:16.

514 Juan 1:41.

515 Juan 1:49.

516 Juan 20:28.

517 1 Juan 5:20.

518 Hebreos 1:3.

519 «Juramentos», *The Oxford Dictionary of World Religions*.

520 Mateo 26:65–66; Marcos 14:63–65.

521   Marcos 15:2, Lucas 23:3, Juan 18:37.

522   Mateo 27:11; Marcos 15:2; Lucas 23:3; Juan 18:37.

523   Juan 19:7.

524   Mateo 26:63–64; Marcos 14:61–62; Lucas 23:3; Juan 18:37.

525   «Punto triple», *McGraw–Hill Encyclopedia of Physics.*

526   «átomo», *Oxford Dictionary of Science.*

527   «partículas elementales», *Oxford Dictionary of Science.*

528   Ibid.

529   Davies, *About Time: Einstein's Unfinished Revolution*, 70.

530   Génesis 1:1.

531   Eclesiastés 12:13.

532   Éxodo 6:7.

533   *Brown–Driver–Briggs Hebrew and English Lexicon*, Francis Brown, S.R. Driver, Charles A. Briggs (Snowball Publishing, 2011), Strong's # H3173; *Biblesoft's New Exhaustive Strong's Numbers and Concordance with Expanded Greek–Hebrew Dictionary.* Copyright 1994, Biblesoft and International Bible Translators, Inc.

534   «Uno», *The Baker Expository Dictionary of Biblical Words*, Tremper Longman II & Mark L. Strauss ed. (Grand Rapids: BakerBooks 2023), 561.

535   English Standard Version Bible.

536   New American Standard Bible.

537   W. E. Vine, *Vine's Complete Expository Dictionary of Old and New Testament Words*, Merrill F. Unger, William White, Jr., ed. (Nashville: Thomas Nelson, 1996), 446.

538   Éxodo 33:20, 33:23.

539   Génesis 19:1.

540   Génesis 18:17.

541   Génesis 18:25.

542   Éxodo 33:11, Deuteronomio 34:10: «Desde entonces no volvió a surgir en Israel otro profeta como Moisés, con quien el Señor hablara cara a cara».

543   C. Fred Dickason, *Angels, Elect and Evil* (Chicago: Moody Publishers, 1995), 96–97.

544   Éxodo 23:20–21.

545   Zacarías 3:1–4.

546   Éxodo 13:21–22, 14:19–20.

547   New American Standard Bible.

548   Salmos 51:11.

549   Isaías 63:10–11; Miqueas 2:7 NASB; Números 11:25; Nehemías 9:30; Ezequiel 2:2.

550   Ezequiel 11:1, 43:5.

551   Éxodo 31:1–3.

552   Nehemías 9:19–20.

553 1 Samuel 16:14.

554 Juan 14:26.

555 Romanos 3:30.

556 1 Pedro 1:2.

557 Convirtió el agua en vino (Juan 2:1-11); curó al hijo del noble (Juan 4:46-54); curó a un endemoniado (Marcos 1:21-28; Lucas 4:38-39); curó a la suegra de Pedro (Mateo 8:14-17; Marcos 1: 29-31; Lucas 4:38-39); sanó a muchos y expulsó demonios (Marcos 1:32-34; Lucas 4:40-41); concedió una pesca milagrosa a los discípulos (Lucas 5:4-11); curó a un leproso (Mateo 8:2-4; Marcos 1:40-45; Lucas 5:12-16); curó al criado del centurión (Mateo 8:5-13;Lucas 7:1-10); curó a un paralítico (Mateo 9:2-8; Marcos 2:1-12; Lucas 5:17-26); curó una mano paralizada (Mateo 12:9-14; Marcos 3:7-12; Lucas 6:17-19); resucitó al hijo de una viuda (Lucas 7:11-17); calmó una tormenta (Mateo 8:22-23; Marcos 4:36-41; Lucas 8:23-25); expulsó una legión de demonios (Mateo 8:28- 34; Marcos 5: 1-20; Lucas 8:26-39); curó a una mujer con hemorragias (Mateo 9:20-22; Marcos 5:24-34; Lucas 8:42-48); resucitó a una niña de entre los muertos (Mateo 9:23-26; Marcos 5:35-43; Lucas 8:49-56); curó a dos ciegos (Mateo 9: 27-31); sanó a un endemoniado mudo (Mateo 9-32-34); curó a un lisiado en el estanque de Betzatá (Juan 5:2-15); sanó a muchos, dio de comer a cinco mil (Mateo 14:13-21; Marcos 6:30-44; Lucas 9:10-17; Juan 6: 1-14); caminó sobre las aguas y calmó una tormenta (Mateo 14:22-33; Marcos 6:45-52; Juan 6:16-21); curó a muchos enfermos en Genesaret (Mateo 14:34-36; Marcos 6:35-56); sanó a una hija poseída por el demonio (Mateo 15: 21-28; Marcos 7:24-30); curó a un sordomudo (Marcos 7:31-37); dio de comer a cuatro mil hombres (Mateo 15:29-39; Marcos 8:1-10); curó a un ciego (Marcos 8:22-26); curó a un ciego de nacimiento (Juan 9:1-7); sanó a un niño endemoniado (Mateo 17: 14-19; Marcos 9:14-29; Lucas 9:37-43); dio la moneda que estaba en la boca de un pez para pagar los impuestos (Mateo 17:24-27); curó a un hombre ciego, mudo y poseído por el demonio (Mateo 12:22-23; Marcos 3:20); curó a una mujer tullida (Lucas 13: 10-13); curó a un hombre con hidropesía (Lucas 14:2-6); sanó a diez leprosos (Lucas 17:11-14); resucitó a Lázaro de entre los muertos (Lucas 14:2-6); curó a dos ciegos (Mateo 20:29-34; Marcos 10:46-52; Lucas 18: 35-43); secó una higuera (Mateo 21:18-22; Marcos 11:12-14); sanó la oreja cortada del sumo sacerdote (Lucas 22:51); resucitó de entre los muertos (Mateo 28:1-20; Marcos 16:1-19; Lucas 24:1-53; Juan 20:1-31); dio una red llena de peces a los discípulos (Juan 21:1–8).

558 Frank Vizard, «Inside CSI: Crime Scene Investigation», *Popular Science*, septiembre de 2001, 52.

559 Mateo 9:23–26; Marcos 5:35–43; Lucas 8:41–56.

560 Lucas 7:11–15.

561 Juan 11:1–45.

562   Juan 4:46–54.

563   Mateo 8:2–4; Marcos 1:40–45; Lucas 5:12–15; Lucas 17:11–19.

564   Juan 5:1–9.

565   Mateo 12:9–14; Marcos 3:1–6; Lucas 6:6–11.

566   Mateo 9:20–22; Marcos 5:25–34; Lucas 8:43–48.

567   Lucas 22:50–51.

568   Juan 2:1–11.

569   Mateo 8:23–27; Marcos 4:35–41; Lucas 8:22–25.

570   Mateo 14:13–21; Marcos 6:34–44; Lucas 9:11–17; Juan 6:1–14.

571   Mateo 15:32–39; Marcos 8:1–9.

572   Mateo 14:22–33; Marcos 6:45–52; Juan 6:19.

573   Mateo 4:25, 8:1, 14:13, 15:33, 19:2, 20:29, 21:9, 21:11; Marcos 3:7–8, 3:32, 5:21, 5:24, 9:14; Lucas 5:1, 7:11, 8:4, 8:42, 8:45, 9:11, 11:29, 14:25, 18:36, 23:27; Juan 6:2.

574   Marcos 5:30.

575   Lucas 6:19.

576   Juan 9:1–34.

577   Juan 9:20, 9:33–34.

578   Juan 11:47–48.

579   *California Jury Instructions*, BAJI 2.03.

580   *The Works of Josephus*, «Antiquities of the Jews», 18.3.63–64. Utilicé una traducción más conservadora del texto de John P. Meier, *A Marginal Jew: Rethinking the Historical Jesus* (New York: Doubleday, 1991), Vol. I, 61.

581   Babylonian Talmud, Sanhedrin, 43A; *The Talmud*, The Steinsaltz Edition, Volume XVII, Tractate Sanhedrin, Parte III (New York: Random House, 1998), 158.

582   Muchas personas (Marcos 1:32-34; Mateo 8:16-17; Lucas 4:40-41); habitantes de Galilea (Marcos 1:39); un hombre en una sinagoga (Marcos 1:21-28; Lucas 4:31-37); un hombre en Cafarnaún (Mateo 9:32-33); un segundo hombre en Cafarnaún (Mateo 12:22; Lucas 11: 14); los habitantes de Cafarnaún (Lucas 6:17-19); la hija de una mujer griega (Mateo 15:21-28; Marcos 7:24-30); María Magdalena y otras mujeres (Lucas 8:2; Marcos 16:9); los habitantes del mar de Galilea (Marcos 3:10-12); y el endemoniado gadareno (Mateo 8:28-32; Marcos 5:1-13); Lucas 8:26–33).

583   «De repente, en la sinagoga, un hombre que estaba poseído por un espíritu maligno gritó: —¿Por qué te entrometes, Jesús de Nazaret? ¿Has venido a destruirnos? Yo sé quién eres tú: ¡el Santo de Dios!» (Marcos 1:23–24; Lucas 4:34); «Cuando Jesús llegó al otro lado, a la región de los gadarenos, dos endemoniados salieron a su encuentro de entre los sepulcros. Eran tan violentos que nadie se atrevía a pasar por aquel camino. De pronto, gritaron a Jesús: —¿Por qué te entrometes, Hijo de Dios? ¿Has venido aquí a atormentarnos antes del tiempo señalado?» (Mateo 8:28–29); Además, los

espíritu malignos, al verlo, se postraban ante él, gritando: «¡Tú eres el Hijo de Dios!». (Marcos 3:11).

584 *California Jury Instructions*, BAJI 2.04.

585 Reglas Federales de Evidencia, regla 901(b)(4).

586 Juan 12:42, Hechos 2:22–41.

587 «Mesías», *Nelson's Illustrated Bible Dictionary.*

588 Génesis 3:15, Malaquías 3:1.

589 James E. Smith, *The Promised Messiah* (Nashville: Thomas Nelson, 1993), xii, 4.

590 Génesis 12:1–3, 22:18; Génesis 49:10; 2 Samuel 7:12–16; Salmos 89:3–4, 132:11–12; Isaías 9:6–7, 11:1–5; Jeremías 23:5, 33:15.

591 Jesús era descendiente de Abraham (Mateo 1:1, Gálatas 3:16) de la tribu de Judá (Lucas 3:23, 3:33; Hebreos 7:14) y de la familia de David (Mateo 22:44; Marcos 12:36; Lucas 1:69, 1:70, 20:42-44; Juan 7:42).

592 «Belén», *Halley's Bible Handbook*, 648–649.

593 Paul L. Maier, *In the Fullness of Time: A Historian Looks at Christmas, Easter, and the Early Church* (Grand Rapids: Kregel, 1997), 66–67.

594 Mateo 2:1–2, 2:13, 2:18.

595 Oseas 11:1; Mateo 2:15; Isaías 9:1–2.

596 «Parábola», *Nelson's Illustrated Bible Dictionary.*

597 Lucas 15:11–32.

598 Mateo 13:1–23; Marcos 4:1–25; Lucas 8:4–16.

599 «Daniel», *Nelson's Illustrated Bible Dictionary.*

600 Sir Robert Anderson, *The Coming Prince* (Lawton, OK: Trumpet Press, 2014).

601 «Templo», *Nelson's Illustrated Bible Dictionary.*

602 «Artajerjes», *Nelson's Illustrated Bible Dictionary.*

603 La palabra hebrea *karath*, traducida como «cortar», también significa destruir la vida, eliminar, matar. F. Brown, S. Driver, and C. Briggs, *The Brown– Driver–Briggs Hebrew and English Lexicon* (Peabody: Hendrickson Publ., 1906).

604 Isaías 53:8.

605 Juan 10:11–18; Mateo 20:28; Marcos 10:45.

606 Juan 1:29; 1 Pedro 2:24; Colosenses 1:20.

607 Isaías 53:6, 12.

608 Henry H. Halley, «Jerusalem Under Herod the Great», *Halley's Bible Handbook*, 25ª ed. (Grand Rapids: Zondervan Academic, 2000), 65–66; «Templo», *Nelson's Illustrated Bible Dictionary.*

609 Josephus, *The Works of Josephus*, «The Wars of the Jews», 6.4–6.5.

610 «Palestine from A.D. 324 to 1918», *Halley's Bible Handbook*, 1028–1029.

611 Mateo 16:21; Marcos 8:31; Lucas 9:22, 17:25.

612 Mateo 17:22–23; Marcos 9:31; Lucas 9:44.

613 Juan 16:28.

614 Mateo 20:18–19, 26:2; Marcos 9:31, 10:33–34; Lucas 18:31–33.

615 Salmos 41:9; Zacarías 11:12.

616 Zacarías 11:13.

617 Isaías 53:7.

618 Salmos 22:7–8.

619 Salmos 22:16.

620 Salmos 22:18.

621 Isaías 53:12.

622 Isaías 53:9.

623 Mateo 10:1–4, 26:15.

624 Mateo 27:3–5.

625 Mateo 27:6–7.

626 Mateo 27:13–14.

627 Mateo 27:24–26.

628 Mateo 27:27–32; Marcos 15:21; Lucas 23:26; Juan 19:17.

629 Deuteronomio 21:23.

630 Zacarías 12:10.

631 Juan 19:31.

632 Juan 19:31–34.

633 Mateo 27:35.

634 Mateo 27:57–60.

635 Josh McDowell, *The New Evidence that Demands a Verdict* (Nashville: Thomas Nelson, 1999), 183–192.

636 Génesis 17:4–7, 17:15–22, 21:1–3, 22:18.

637 Levítico 20:2–5.

638 Isaías 53:5–6; Zacarías 3:9.

639 Éxodo 11:5, 12:29.

640 Éxodo 7–12.

641 Éxodo 12; Números 9:12; 1 Corintios 5:8.

642 A.R. Fausset, «Pascua», *Fausset's* Zondervan, 1981), 540–541. *Bible Dictionary* (Grand Rapids:

643 «cambistas» *Nelson's Illustrated Bible Dictionary.*

644 Mateo 21:12–13; Marcos 11:15–17; Lucas 2:49, 19:49; Juan 12:1, 12:12.

645 Anás fue nombrado sumo sacerdote en el año 6 d. C. y depuesto por Valerio Grato, procurador de Judea, en el año 15 d. C. Le sucedieron sus hijos y su yerno Caifás, que presidió el juicio de Jesús. «Anás», *Nelson's Illustrated Bible Dictionary.*

646 Juan 18:3, 18:19–24.

647 Al parecer, el Sanedrín se constituyó tras la huida de Israel de Egipto. Moisés eligió a setenta líderes y les encomendó la resolución de las disputas

que surgían entre el pueblo (Números 11:16-17). Con Moisés a la cabeza, eran setenta y uno.

648 Walter M. Chandler, *The Trial of Jesus from a Lawyer's Standpoint* (Okitoks Press, 2017), 26.

649 Ibíd., 49, 57; convocar al Sanedrín a una sesión nocturna era ilegal según la ley judía, ya que no se permitía celebrar de noche ningún proceso contra un acusado.

650 Ibíd., 31–32, 44.

651 Mateo 26:59–60; Marcos 14:56.

652 Mateo 26:63; Marcos 14:61.

653 En su calidad de juez que presidía el tribunal, era ilegal, según la ley judía, que Caifás presentara cargos contra Jesús. Los jueces solo podían escuchar las acusaciones, no formularlas. En este caso, Caifás asumió ilegalmente el papel de acusador (Chandler, *The Trial of Jesus from a Lawyer's Standpoint*, 56).

654 Según la ley judía, blasfemar era maldecir el nombre de Dios, Yahvé (Levítico 24:15-16), cosa que Jesús no hizo.

655 Mateo 26:63–66; Marcos 14:61–64.

656 En el año 30 d. C., Roma retiró a los tribunales judíos la capacidad de imponer penas de muerte. Dee Wampler, *The Trial of Christ: a Twenty–First Century Lawyer Defends Jesus* (Enumclaw: Winepress Publ., 2000), 202.

657 Lucas 23:1–4.

658 Lucas 23:4; Juan 18:38.

659 Lucas 23:8–11.

660 Lucas 23:13–15.

661 Mateo 27:22–24; Juan 19:6–16.

662 Mateo 27:3–5.

663 Mateo 26:59–60, 27:3; Marcos 14:55; Lucas 23:4, 23:15, 23:22, 23:41, 23:47; Juan 3:5, 18:38; Isaías 53:7, 53:9.

664 Mateo 27:25; esto no significa que haya que culpar a los judíos de la muerte de Jesús. Jesús mismo rogó a Dios que los perdonara porque no sabían lo que hacían. Es significativo que el objetivo del ministerio de Jesús fuera sufrir y morir para redimir a la humanidad. Jesús reprendió duramente a Pedro cuando declaró que no permitiría que nadie hiciera daño a Jesús. En consecuencia, el resultado habría sido el mismo si Jesús hubiera nacido griego, español, noruego o de cualquier otra nacionalidad.

665 Juan 19:30.

666 Lucas 23:46; Juan 19:28–30.

667 Juan 19:33, 19:36.

668 Juan 1:29, 1:36; 1 Corintios 5:7; 1 Pedro 1:19; Zacarías 3:9.

669 Salmos 16:10.

670 Jonás 1–4.

671 Jonás 3:10.

672 Mateo 16:21–23, 20:17–19; Lucas 18:31–34.

673 Norman Geisler and Thomas Howe, *When Critics Ask* (Wheaton: Victor Books, 1992), 343; «tres días y tres noches» no significa períodos completos de veinticuatro horas. El cómputo judío de los días incluía partes de días. Por lo tanto, cuando Jesús fue enterrado el viernes, permaneció en la tumba el sábado y resucitó el domingo, según el cómputo judío, estuvo en la tumba tres días y tres noches. Además, Jesús dijo que resucitaría «al tercer día» cuando habló de su resurrección (Mateo 16:21, 17:23, 20:19).

674 Mateo 28:11–15.

675 Reglas Federales de Evidencia, regla 602.

676 Polybius, *The Rise of the Roman Empire*, Book VI, «The Roman Military System» (London: Penguin Books, 1979), 332–333.

677 Los guardias vigilaban estrechamente el templo. La guardia estaba compuesta por tres sacerdotes y veintiún levitas. Había guardias apostados en las puertas de acceso a los patios del templo. El capitán de la guardia se aseguraba de que todos los hombres estuvieran alertas y castigaba a los que encontraba dormidos en su puesto. «Temple, Administration and Service Of», by Joseph Jacobs, Judah D. Eisenstein, *JewishEncyclopedia.com*, https://jewishencyclopedia.com/articles/14303–temple–administration–and–service–of.

678 Polybius, *The Rise of the Roman Empire*, Libro VI, «The Roman Military System», vi, 33.

679 Juan 19:23.

680 Mateo 26:56; Marcos 14:50–51; Lucas 22:57–62; Juan 18:15–17.

681 Hechos 2:41.

682 Hechos 3:1–26.

683 Kirsopp Lake, *The Historical Evidence for the Resurrection of Jesus Christ* (New York: Putnam, 1907).

684 Mateo 27:61; Marcos 15:47; Lucas 23:55.

685 Reglas Federales de Evidencia, regla 804(b)(3).

686 *Goldberg v. Kelly* (1970) 397 U.S. 254, 269–270.

687 Reglas Federales de Evidencia, regla 804(b)(2).

688 *Mattox v. United States* (1892) 146 U.S. 140, 152.

689 William Shakespeare, «King John», Acto 5, escena 4.

690 W. E. Vine, *Vine's Complete Expository Dictionary of Old and New Testament Words*, Merrill F. Unger, William White, Jr., ed. (Nashville: Thomas Nelson, 1996), 680; testigo de *martus*, que significa el que da testimonio.

691 John Foxe, *The New Foxe's Book of Martyrs*, updated by Harold J. Chadwick (Gainesville: Bridge–Logos, 2001), 5–10.

692 Juan 7:5; Marcos 3:21.

693 Hugh J. Schonfield, *The Passover Plot* (New York: Random House, 1965).

694   Hechos 1:4; 1 Corintios 5:16; Juan 21:1–23.

695   Juan 20:24–25.

696   C. Truman Davis, M.D., M.S. «The Crucifixion of Jesus: The Passion of Christ from a Medical Point of View», *Arizona Medicine*, marzo de 1965, 183–187.

697   William D. Edwards, MD, Weley J. Gabel, MDiv, Floyd E. Hosmer, MS, AMI, «On the Physical Death of Jesus Christ», *Journal of the American Medical Association*, vol 255, No. 11, 21 de marzo de 1986, 1455–1463.

698   Mateo 27:27–31; Marcos 15:16–20; Juan 19:2–3.

699   En el mundo antiguo, las muñecas se consideraban parte de las manos.

700   Juan 19:39–40.

701   Mateo 27:60; Marcos 16:3–4.

702   William D. Edwards, et al., «On the Physical Death of Jesus Christ», *Journal of the American Medical Association* (vol. 255, No. 11, 21 de marzo de 1986), 1455–1463; C. Truman Davis, M.D., M.S. «The Crucifixion of Jesus: The Passion of Christ from a Medical Point of View», *Arizona Medicine* (Marzo de 1965), 183–187.

703   Mateo 27:45–51, 28:2; Marcos 15:33–37; Lucas 23:44–45.

704   Paul L. Maier, *Pontius Pilate*, 3ª ed. (Grand Rapids: Kregel, 2014), 377, nota al cap. 21.

705   *The Ante–Nicene Fathers*, Vol. VI, Alexander Roberts and James Donaldson, Editors «The Extant Writings of Julius Africanus» (New York: Christian Literature Co., 1888), 136–137.

706   *The Cambridge Encyclopaedia of Astronomy*, Simon Mitton, ed. (London: Jonathan Cape, 1977), 169.

707   Mateo 27:45–51, 28:2; Marcos 15:33–37; Lucas 23:44–45.

708   Mateo 27:51.

709   Hechos 6:7.

710   Pascal, *Pensees*, 122.

711   Jeffery L. Sheler, «Heaven in the Age of Reason», *U.S. News & World Report*, 31 de marzo de 1997, 65.

712   Einstein, *Ideas and Opinions*, 46.

713   Pascal, *Pensees*, 122.

714   Ibid., 122.

715   Ibid., 122, 134.

716   Ibid., 124–125.

717   Jeremías 31:31, 31:34.

718   Efesios 1:7; 1 Pedro 1:19; Hebreos 9:14; 1 Juan 1:7; Colosenses 1:20–21; Romanos 5:10, 5:21, 6:23.

719   Mateo 13:18–23.

Printed in the United States
by Baker & Taylor Publisher Services